ヘンリ・J・M・ナウエン［著］　友川 榮［編訳］

イエスの示す道

受難節の黙想

YOBEL, Inc.

まえがき（旧版まえがき）

ヘンリ・ナウエンの著書に初めて出合ったのは、福島県の喜多方教会で牧会しているときでした。確か、一九八三年頃であったように記憶しています。『傷ついた癒し人』（日本基督教団出版局）という本でした。読み終えて、何か不思議な安堵感を覚えました。大袈裟ですが、目から鱗が落ちる思いでした。自分を飾らなくとも良いのではないかと教えられました。

喜多方教会は初めての任地であったため、説教や家庭訪問、幼稚園の経営や運営等で、とにかく、無我夢中でした。体力にまかせ、唯、がむしゃらに動いていたように思います。背伸びして、日々過ごしていました。鎧を身につけていたのです。なにしろ経験不足もあり、余裕がありませんでした。今振り返れば、自分の力に頼み、必死にもがいていたと言えましょう。まさに、自分こそが「傷ついた癒し人」だったのです。

その後、任地は猪苗代教会、米国合同教会の宣教師と変わりましたが、『傷ついた癒し人』を読むたびに慰められました。米国での牧会のあいまに、ナウエンの本を買い読み続けました。霊的に支えられたものです。一九九五年三月、五年半の契約を終え帰国し、家族と共に福島荒井教会に赴任。ナウエンの日本語訳をと考えていましたが、教会や付属施設等の仕事が多忙をきわめ、断念せざるをえませんでした。その後、一九九九年に横浜の上星川教会に赴任。その一年後に、米国滞在中に深く教えられた「Show Me The Way: Readings for Each Day of Lent」を翻訳することにしました。受難節の黙想集です。翻訳しながら、しばしばナウエンの黙想の深さに圧倒されることもありました。それ程、優れた本です。

ナウエンは、神との個人的交わりを強調します。日々、聖書のみ言葉への傾聴と神への祈りと黙想を大切にするのです。しかし、ナウエンは教会にとじこもる人ではありません。信仰を、個人的で内面的なものに限定しません。社会的不正や不義には、信仰的観点から行動する実践家でもありました。かつては、米国のエール大学神学部やハーバード大学神学部などで約二〇年間教鞭をとっていましたが、カナダのトロントにある知的障がいをもつ人々の共同体ラルシュ「デイブレイク」に移り、チャプレンとして奉仕しました。このことから分かるように、ナウエンは高いところから人に教えるのではなく、自らも共に苦悩し揺れ動き、分かち合う謙遜さが見られます。時には、自らの弱さをも隠さず明らかにする誠実さがあります。これは、簡単そうでなかなか出来ないものです。プライドがあるからです。どろどろとした生身の人間の弱さや高慢を見据えながら、神のみ心を説き明かすナウエンの神学的洞察力には脱帽します。「わたしは弱いときにこそ強いからです」（IIコリント一二・一〇）と記したパウロを彷彿とさせます。ここに、ナウエンの魅力があります。この翻訳を通して、イエスの苦しみと恵みの深さを知っていただければ、訳者の一人としてこれ以上の幸いはありません。

二〇〇二年一一月

友川　榮

イエスの示す道　受難節の黙想

目次

まえがき 3
序文 13
灰の水曜日 15
灰の水曜日後木曜日 18
灰の水曜日後金曜日 21
灰の水曜日後土曜日 26
受難節第一週日曜日 29
受難節第一週月曜日 33
受難節第一週火曜日 38

受難節第一週水曜日 42
受難節第一週木曜日 47
受難節第一週金曜日 50
受難節第一週土曜日 54
受難節第二週日曜日 58
受難節第二週月曜日 62
受難節第二週火曜日 66
受難節第二週水曜日 70
受難節第二週木曜日 74
受難節第二週金曜日 78
受難節第二週土曜日 82

受難節第三週日曜日 87
受難節第三週月曜日 91
受難節第三週火曜日 96
受難節第三週水曜日 101
受難節第三週木曜日 105
受難節第三週金曜日 109
受難節第三週土曜日 113
受難節第四週日曜日 118
受難節第四週月曜日 122
受難節第四週火曜日 125
受難節第四週水曜日 130

受難節第四週木曜日 134
受難節第四週金曜日 138
受難節第四週土曜日 142
受難週日曜日 146
受難週月曜日 150
受難週火曜日 154
受難週水曜日 158
受難週木曜日 162
受難週金曜日 165
受難週土曜日 169

棕櫚の日曜日　172
聖週月曜日　176
聖週火曜日　180
聖週水曜日　184
聖木曜日　189
聖金曜日　194
聖土曜日　199
復活日　203

訳者あとがき（聖公会版）　208
訳者　新版あとがき　213

参考資料　218

序　文

「主よ、あなたの道をわたしに示し」てください。神を求める魂による詩編（詩編二五・四、二七・一一、八六・一一）が示している切なる願いは、信仰生活の巡礼に旅立った人々から、今の時代にも聞かれる執拗に求める叫びと重なります。多くの人々がこの道について語り、それが広い道ではなく「命の門」（マタイ七・一三）にいたる狭い道であることを明らかにしてきました。

ヘンリ・ナウエンの著書は、決断をもって身をささげること、つまり神と隣人への深い愛を指し示す道しるべとなっており、この「主の道の探求」が、その中で繰り返されるテーマです。ナウエンの著書では、沈黙と祈りが信仰の場と信仰の息づかいとして現れます。回心と新生、痛みを伴う別れと思い切った旅立ちは、わたしたちの心を開いて、今すぐ必要な愛へと幾度も向かわせる途中駅のようです。信仰生活は決して終わることはありません。この世の中で愛を実践し、人々のために創造的な活動をすることで、絶えず信仰生活を証ししていくのです。

受難節の道のりは、「闇の業を捨てて光の業を身にまとい」、日々の祈りを実践することで成り立っています。祈りの達人であるヘンリ・ナウエンは言っています。「祈りは、何よりも心の奥底に住みたもうイエス・キリストのみ声を聞くことです。イエスは、ご自分をわたしたちに押し付けたりはしません。主のみ声は控えめです。わたしたちが人生でどんな事をしようとも、心の中の主のみ声を決して聞きそんじることがないようにしましょう。騒々しく落ち着かない世界では、神の愛に満ちたみ声は容易にかき消されてしまうからです。たとえ十分間でも毎日、神に耳を傾けるために、時間をとっておきましょう。毎日十分間でもイエスとだけ過ごすことで、わたしたちの人生は根底から変えられます」。

ヘンリ・ナウエンの著作集（参考資料　頁218）からとられたこの選集は、読者をそのような祈りと黙想のひと時へと導くことを目的としています。受難節の手引きとして、教会暦や日々の福音書からとられたその日の短い「神のみ言葉」を、祈る兄弟姉妹に示しています。それに続く「黙想」は、それぞれの人生の現実へと導き、信仰を現実にあてはめ、最後に「祈り」で締めくくります。

この受難節の黙想集が、もう一度勇気をもって主に従い、復活祭への道をたどる招きとなりますように。

F・ジョナ

灰の水曜日

―― Ash Wednesday

わたしはお前たちひとりひとりをその道に従って裁く、と主なる神は言われる。悔い改めて、お前たちのすべての背きから立ち帰れ。罪がお前たちをつまずかせないようにせよ。お前たちが犯したあらゆる背きを投げ捨てて、新しい心と新しい霊を造り出せ。イスラエルの家よ、どうしてお前たちは死んでよいだろうか。わたしはだれの死をも喜ばない。お前たちは立ち帰って、生きよ、と主なる神は言われる。

――エゼキエル書一八・三〇―三二

受難節が始まります。主と特別な形で過ごすときです。祈り、断食し、エルサレムへ、ゴルゴダへ、そして死を乗り越えて最後の勝利へと進む主の道に従うときなのです。

わたしは、今なおひどく揺れ動いています。心から主に従いたいのですが、自分自身の欲望にも従いたいのです。名声、成功、尊敬、快楽、そして権力や影響力を語る言葉に耳を傾けたいのです。これらの声が耳に入らなくなり、命にいたる狭い道を選ぶように、わたしを招いておられるみ声にもっと耳を傾けられるように力を貸してください。

受難節は、わたしにとって非常にきびしい時であることは知っています。日々の暮らしの中で、主の道を選ぶように、その都度決断していかなければなりません。主の思いをわたしの思いとし、主のみ言葉をわたしの言葉とし、主のみ業をわたしの業として選ばなければなりません。いつでも、どこでも選ばなければならないのです。しかし、あなたを選ぶことに、わたしがどんなに強く逆らっているかが分かります。

主よ、どうか、いつでもどこでも、わたしと共にいてください。信仰をもって、この受難節を生きる勇気と力を与えてください。そうすれば、主が復活祭の日に、わたしに備えてくださった新しい命を、喜びをもって味わうことができるでしょう。アーメン

神の赦しは、わたしたちの罪より大きいのです。神に向かうのではなく、自分のことだけに心を奪われる罪に気がつきます。わたしたちが受ける誘惑とは、罪や失敗に押しつぶされたり、寛容のなさに圧倒されて、罪の意識に身動きがとれなくなってしまうことです。罪の

意識から、こう言うのです。「わたしはあまりにも罪深くて神の赦しに値しない」と。わたしたちの目を神に向けずに、自分の内にこもってしまう、それが罪なのです。それこそ偶像となって、高慢という姿をとる罪なのです。受難節は、この偶像を打ち砕き、わたしたちの注意を、愛してくださる神に向けるときです。わたしたちは問われています。「わたしたちは、罪に圧倒され、神の憐れみ（god's mercy）をもはや信じることができなくなり、みずから首をくくり、命を絶ったユダなのだろうか。それとも悔い改め、主のもとに立ち戻って、犯した罪のために激しく泣いたペトロなのだろうか」と。冬と春が互いにせめぎ合っているこの受難節が、神の憐れみを求めて声を高くして祈るよう、わたしたちを特別に導いてくれます。

祈り
まことの神よ、あなたを信じつつ、
回心と悔い改めの四〇日を始めます。
キリスト者としての修練に耐える力を与えてください。
悪を退け、決意をもって、良き業をなすことができますように。
イエス・キリストのみ名によってお願いします。

灰の水曜日後木曜日 ❖ —— Thursday after Ash Wednesday

あなたは命を選び、あなたもあなたの子孫も命を得るようにし、
あなたの神、主を愛し、御声を聞き、主につき従いなさい。
それが、まさしくあなたの命であり……。

——申命記三〇・一九－二〇

信仰生活とは、感謝して生きることです。それは、わたしが、全く神に頼る生活を喜んで体験すること、生かされているという賜物に対して絶えず神に感謝し、誉めたたえる生活を意味します。聖餐にあずかるのに最もふさわしい生活とは、いつも神に感謝をささげ、いつも神を誉めたたえ、神の寛容と愛の豊かさに、いつも驚きを新たにすることです。そのような生活が、喜びに満ちたものにならないはずがありません。それは、神がすべての中心になっ

てしまう、真の意味で回心した生き方です。そこでは、感謝が喜びであり、喜びが感謝であり、すべてが神のご臨在の驚くべきしるしとなるのです。

イエスが、癒された人々に対して「あなたの信仰があなたを救った」と言われるときは、いつもこう述べています。癒された者たちが、イエスに現れている神の愛に対して心から信頼し、すべてを委ねたために、新しい命を見出したのだと。無条件な神の愛への信頼、ここに、イエスがわたしたちを招いておられるのです。ここをしっかりと理解すればするほど、あなたがたは、この世に、なぜ、これほど多くの疑念、嫉妬、反感、復讐心、憎悪、暴力、不和などがあるのか、よく分かるようになります。イエスご自身、神の愛を光にたとえて、次のように説いておられます。

……光が世にきたのに、人々はその行いが悪いので、光よりも闇の方を好んだ。
そして実際、悪を行う者は皆、光を憎み、避けたのです。
その行いが明るく照らし出されることを恐れて……
しかし真理を行う者は光の方に来る。
その行いが神に導かれてなされたということが、明らかになるために。

イエスは、この世の悪を神の愛への信頼がたりないからだと考えておられます。イエスは、わたしたちが頑なに自分自身に依存し、神よりも自己に依り頼み、神の愛よりも自己愛に傾きやすい者であることを知らせてくれます。このようにして、わたしたちは闇にとどまってしまうのです。もしわたしたちが光の中を歩くならば、よいもの、美しいもの、真実なものはすべて、神からきており、それらが、愛にあって与えられているということを、喜びと感謝をもって受け入れることができるのです。

祈り

神よ、あなたはわたしたちの誰からも遠く離れてはおられません。
あなたの中に、わたしたちは生き、動き、存在しているからです。
あなたは、無知な時代を大目に見てくださいましたが、今は、どこにいる人でも、
皆悔い改めるようにと、命じておられます。

――使徒言行録一七・二七－二八、三〇より

灰の水曜日後金曜日

――Friday after Ash Wednesday

わたしは確信しています。死も、命も、天使も、支配するものも、現在のものも、未来のものも、力あるものも、高い所にいるものも、低い所にいるものも、他のどんな被造物も、わたしたちの主キリスト・イエスによって示された神の愛から、わたしたちを引き離すことはできないのです。

――ローマ八・三八―三九

イエスが、神の愛をわたしたちの目に見えるようにしてくださいました。どのようにして、その愛がイエスを通して明らかにされたのでしょうか。イエスがこの世に来られたことによってです。これが、受肉という驚くべき奥義です。神は、わたしたちと同じ人間となるために、わたしたち人間のところまでご自分を低くしてくださいました。ひとたび、わたしたちの中に入られると、当然死ぬべき者として、ご自分を全くお捨てになりました。イエスがこの世に来られたことを、わたしたちが心の底から理解し、感じることは決してやさしいことではありません。わたしたちは、全身で反抗しているからです。貧しい人々のことをたまに気にかけることは構わないのです。しかし、自分も貧乏になって、貧しい人々と共に貧しくなること、それは嫌なのです。けれども、これが神を知る方法としてイエスが選んだものです。

神の道は祈りを通してのみ把握されます。神があなたに語りかけることに、耳を傾ければ傾けるほど、イエスの道に従えと招くみ声が聞こえてくるでしょう。イエスの道は神の道であり、神の道はイエスのためばかりではなく、神を心から求めるすべての人のためでもあるからです。ここで、イエスがこの世に下られた道は、わたしたちが神を見出す道でもあるという不可解な真実に直面します。イエスは、それを少しもためらわず明らかにされます。

そのため、神の臨在という奥義は、神がここにおられないことに気づくことによってのみ感じ取ることができます。わたしたちが神の足跡を見出し、神が触れてくださった愛から、神を愛したいという願いが生じているのに気がつくのは、見えない神を慕い求める最中からです。神が愛されているお方を辛抱強く待つことによって、神がいかに豊かに、わたしたちの生活を満たしてくださっているかが分かります。息子に対する母の愛が、息子が離れている時により深くなるように、子どもたちが家を離れてから、両親により感謝できるように、恋人同士が互いに長く会えないとき、互いを再発見することができるようにです。このようにして、わたしたちの神との親しい関係も、神がおられないことを経験することで清められ、より成熟していくことができるのです。自分の神への切なる思いに耳を傾けることによって、その思いを生み出してくださった神のみ声が聞こえるのです。わたしたちが、本当に孤独に沈むとき、愛のみ手に触れられていることを感じるのです。愛したいという願いに注意深く目を向けると、まず愛されている者だけが、愛することができることに気がつくようになります。神ご自身との霊的な交わりをすることで初めて、人と親しくなれることにも気がつきます。

この暴力の時代には、生命が奪われることがひんぱんに起こり、人間が生々しい傷を受けるのが目につきます。そのような時に、神との交わりを心清めるものとして受け入れるのは難しいのです。また、心を開いて、忍耐強く、畏れをもって、神の道に従う備えをするのも難しいことです。いろいろな疑問が的を射ているかを問わないで、すぐ解決にとびつきたい誘惑にかられます。すぐ癒すと保証されれば、何でも信じてしまう傾向があります。そのため、霊的体験がいたる所ではびこり、商品のように強く求められているのは驚くにあたりません。多くの人々は、共にいるという体験、高揚や魅惑によるカタルシスや、陶酔や恍惚による解放感を約束する場所に群がります。自己実現をしたいといつも必死になって神との交わりを求めると、わたしたちは皆、自分で勝手に霊的な出来事を作り出そうとしがちです。忍耐がたりない現代の風潮の中で、待つことに大きな救いを見出すのは、きわめて困難になっています。

しかし、それでもなお救おうとなさる神は、人間の手によっては造ることができません。神は、「すでに」と「まだ」、「不在」と「臨在」、「昇天」と「再臨」といった、わたしたちの心理的識別を超えています。望みつつ、忍耐して待つことでのみ、ゆっくりと幻想から脱け出し、詩編の作者が祈ったように、祈ることができるようになります。

祈り

神よ、あなたはわたしの神。
わたしはあなたを捜し求め
わたしの魂はあなたを渇き求めます。
あなたを待って、わたしのからだは
乾ききった大地のように衰え
水のない地のように乾き果てています。

今、わたしは聖所であなたを仰ぎ望み
あなたの力と栄えを見ています。
あなたの慈しみは命にもまさる恵み。
わたしの唇はあなたをほめたたえます。
命のある限り、あなたをたたえ
手を高く上げ、御名によって祈ります。
わたしの魂は満ち足りました。
乳と髄のもてなしを受けたように。
わたしの唇は喜びの歌をうたい
わたしの口は讃美の声をあげます。

床に就くときにも御名を唱え
あなたへの祈りを口ずさんで夜を過ごします。
あなたは必ずわたしを助けてくださいます。
　あなたの翼の陰でわたしは喜び歌います。

――詩編六三・二―九

灰の水曜日後土曜日

——Saturday after Ash Wednesday

その後、イエスは出て行って、レビという徴税人が収税所に座っているのを見て、「わたしに従いなさい」と言われた。彼は何もかも捨てて立ち上がり、イエスに従った。

——ルカ五・二七―二八

わたしたちは、イエスの生きられたように生きることが定められています。イエスの宣教の目的はすべて、わたしたちを父なる神の家に連れて行くことにあります。イエスは、罪と死の束縛から解き放つばかりでなく、神としてのイエスの命に親しくあずかることができるよう導くために来られたのです。そのことがどういう意味かを、思い描くのは難しいことです。わたしたちは、イエスと自分自身の間にある隔たりを強調しがちです。イエスが全知全能の神の子であり、わたしたちのような罪深い、破れの多い人間には、到底近づきがたい方だと思ってしまいます。このように考えるとき、イエスがご自分の命をわたしたちに与えるために来られたことを忘れているのです。イエスは、わたしたちを高めて、父なる神との愛の交わりへと導くために来られたのです。わたしたちがイエスの宣教の根本的な目的に気づいたとき、初めて霊的生活の意味が理解できるのです。イエスのものはすべて、受け取るようにと与えられています。

「この世のものでないのに、この世にいる」。この言葉は、イエスが霊的生活についてどう語られるかを、見事にまとめています。これは、わたしたちが愛の霊によって完全に変えられる生活です。しかも、すべてが前と変わらないように見える生活です。霊的生活を送るということは、家族と離れたり、仕事をやめたり、働き方を変えたりすることではありません。社会活動や政治活動から身を引いたり、文学や芸術への興味を失うことでもありません。厳しい禁欲生活や長い祈りを必要とするわけでもありません。実際には、このような変化が、霊的な生活から生じることもあるでしょう。思い切った決断が必要な人もいるでしょう。しかし、霊的な生活は、人の数ほど多様であり得るのです。新しく変わったことは、多くのことから離れて、神の国へ移るということです。この世のしがらみから解き放たれて、必要なことだけにわたしたちの心を向けるようになったことが、新しく変わったことなのです。

それは、もはや多くの事柄、人々、出来事などを、果てしない心配の種として見ないで、神がその存在をわたしたちに示される豊かで多様な方法として、体験し始めることなのです。

祈り

主よ、あなたに仕えようとする者は、
あなたに従わなければなりません。
そうすれば、あなたのおられる所に、
あなたに仕える者もいることになります。
あなたに仕える者がいれば、
父はその人を大切にしてくださるでしょう。

——ヨハネ一二・二六による

受難節第一週日曜日

❖――First Sunday in Lent

あなたの神である主を拝み、ただ主に仕えよ。

――マタイ四・一〇

イエスが何よりも心にかけておられたことは、父なる神に従い、常に神のみ前に生きることです。そうしたときに初めて、人々との関わりの中で、イエスの使命が何であるか、はっきりしてきます。これはまた、主が弟子たちに勧めておられる道でもあります。「あなたがたが豊かに実を結び、わたしの弟子となるなら、それによって、わたしの父は栄光をお受けになる」(ヨハネ一五・八)。心を尽くし、精神を尽くし、思いを尽くして神を愛せよとの第一の戒めが、実際に最も大切であることを、わたしたちは思い起こさなければならないでしょう。しかし、わたしたちは本当にこれを信じているのでしょうか。実際には、仲間である人間の方に、精一杯、心や精神や思いを尽くしているように見えます。一方では、一生懸命神を忘れないように努めてはいるのですが、わたしたちは少なくとも神にも隣人にも同じように心を向けるべきだと感じています。しかし、イエスの要求はより徹底しています。主はひたすら神のみに献身するよう求めておられます。神は、わたしたちの心と精神と思いのすべてを望んでおられます。神に対する無条件ですべてをささげる愛によってこそ、隣人への心遣いが生まれます。それは、神から心をそらそうとしたり、神への思いと競い合う行為ではなく、すべての人々の神として、ご自身を明らかにされたお方への愛を示しているのです。わたしたちが隣人に心をとめ、隣人への責任に気づくのは、神が間におられるからです。こうも言えるかもしれません。神においてのみ、隣人となり、神においてのみ、また神を通してのみ、奉仕が可能となります。

さらに、真の喜びは、神が望むようにわたしを愛しておられるのを受け入れることからきていると分かります。たとえ、それが病気や健康、失敗や成功、貧しさや豊かさ、拒否されたり称賛されてもです。わたしは、「主よ、あなたが喜ばれることはすべて感謝して受け入れます。あなたのみ旨がなりますように」とは、なかなか言えません。しかし、わたしは、父なる神が愛であることを本当に信じるとき、次第にこの言葉を心から言えるようになることが分かっています。

シャルル・ド・フーコーはかつて、わたしも持ちたい霊的な態度を、美しく表した自己放棄の祈りを書きました。

この祈りを度々祈れることは素晴らしいことです。これは聖なる人の祈りの言葉で、わたしが進むべき道を指し示しています。自分自身の努力ではこの祈りが決して実現できないことも分かっています。しかし、わたしに与えられたイエスの霊が、これを祈れるようにし、この祈りがかなえられるようにしてくださるのです。心の内なる平安が、この祈りを喜んで自分自身の祈りとするかどうかにかかっていることを、わたしは知っています。

祈り
父なる神よ。
わたしをみ手に委ねます。
み旨のままになしてください。
あなたが何をなさろうとも、わたしは感謝します。
わたしはすべてのことに備えております。
すべてを受け入れます。わたしにも被造物のすべてにも、あなたのみ旨がなりますように。

これ以上のことは望みません。
主よ、あなたのみ手にわたしの魂を委ねます。
心からの愛をもって、わたしは魂をあなたにささげます。
わたしはあなたを愛しているからです、主よ。
ですから、自分をささげる必要があります。
無条件に、限りない信頼をもって、あなたのみ手に、
みずからを委ねる必要があります。
あなたこそわたしの父なる神だからです。

——シャルル・ド・フーコー

受難節第一週月曜日

Monday of the First Week in Lent

そこで、王は右側にいる人たちに言う。「さあ、わたしの父に祝福された人たち、天地創造の時からお前たちのために用意されている国を受け継ぎなさい。お前たちは、わたしが飢えていたときに食べさせ、のどが渇いていたときに飲ませ、旅をしていたときに宿を貸し……」。そこで、王は答える。「はっきり言っておく。わたしの兄弟であるこの最も小さい者の一人にしたのは、わたしにしてくれたことなのである」。

——マタイ二五・三四—三五、四〇

「もてなす」という言葉からは、優しく感じのよい親切や、お茶会や穏やかな会話というイメージと、どこにでもある居心地のよい雰囲気をまず思い浮かべるでしょう。それは次のようなもっともな理由があるからです。つまり、もてなしという考えは、わたしたちの文化ではほとんど力を失っており、わたしたちが真のキリスト教の霊性を真剣に追い求めるよりも、気の抜けた信仰心を期待したがる仲間うちでよく使われるからです。しかし、もてなしという考えこそ、それが本来持っている深さや、そこから出てくる可能性を取り戻す価値のある考え方なのです。それは、わたしたち人間同士の関係を深く考え、また広げることができる、最も豊かな聖書の言葉でもあります。旧新約聖書の物語は、旅人を自分の家庭でもてなすことが、どんなに大切な務めであるかを示すばかりでなく、客が貴重な贈り物を、もてなしてくれる主人に見せたいと、切に願っていることをも述べています。アブラハムがマムレで三人の見知らぬ人びとを迎え、水とパンと柔らかくおいしい子牛の肉をご馳走したとき、その人たちは、アブラハムの妻サラが男の子を産むだろうと伝え、自分たちが主なる神であることをアブラハムに明らかにしました(創世記一八・一―一五)。サレプタのやもめがエリヤに食べ物と隠れ家を与えたときには、エリヤは彼女に尽きることのない油と粉を与え、また、彼女の息子を死から甦らせて、自分が神の人であることを明らかにしました(列王記上一七・九―二四)。エマオに向かう二人の旅人が見知らぬ人と道づれになり、一夜を共にするよう招いたとき、その人はパンを裂くことで、主であり、救い主であることを明らかにしました(ルカ二四・一三―三五)。

敵意がもてなしに変わるそのとき、今まで怖れを抱いていたよそ者が、携えてきた約束を主人に知らせる客となり得るのです。また実際のところ、主人と客との区別は、表面的なものであることが分かり、新しく生まれた一体感を認めると、その違いが消え去ってしまいます。このように、聖書物語は、人を温かくもてなすことが単に大切な美徳であるというだけでなく、それ以上のこと、すなわち、温かくもてなすとき、主人と客がもっとも高価な贈り物を見せ合い、互いに新しい命をもたらすということをも、分かりやすく教えてくれます。

寂しさから、人は敵意のある行動をとりがちになり、孤独だと温かくもてなすようになるということも真実です。わたしたちが孤独を感じるとき、人に好かれたい、愛されたいと思うあまりに色々なサインに過敏になり、自分を拒んでいると感じる人に対して、すぐ敵意をもってしまいます。しかし、いったん命の本質が自分自身の心にあると気づき、自分が独りぼっちであることを運命ではなく、使命として受け入れると、わたしたちは自由を他の人に与えることができるのです。わたしたちは、欲望を実現したいとの願いを捨てさえすれば、他の人を受け入れる余裕がでてきます。わたしたちがいったん貧しくなると、温かくもてなすことができます。これこそ、貧しさがもてなし上手をも生み出すという逆説です。貧しさこそ、わたしたちの守りを取り払い、敵を友に変える気持ちをひき出すのです。何か守るものがある限り、わたしたちは他の人を敵としか見ないようになります。しかし、どうぞ、お入りください。わたしの家はあなたの家、わたしの喜びはあなたの喜びです。わたしの悲しみはあなたの悲しみ、わたしの命はあなたの命です」と言うときには、何一つ守るべきものはありません。何も失うものはなく、何でも与えられるからです。

もう一方の頬を向けなさいということは、次のことを敵に示すことになります。わたしたちが個人の所有物、知識、名声、土地、お金、身の回りに集めた色々な物、それがたとえどんな物であっても執拗にしがみついている限り、敵はわたしたちの敵になりうるのです。盗人が奪いたいと思っているものすべてが、その人への贈り物になるとき、誰が盗人になるでしょうか。真実しか得にならないなら、誰が嘘をつくでしょうか。玄関が広く開いていれば、誰が裏口から忍び込みたいと思うでしょうか。

貧しさによって、もてなし上手が生まれます。この逆説的表現には、もう少し説明が必要です。他の人に自由に手を差し伸べるには、貧しさの二つの形——精神の貧しさと心の貧しさが非常に大切です。

祈り

愛する主よ、

あなたの思いやりと優しさをわたしにお示しください。

あなたは、柔和で心のへりくだったお方です。
よくわたしは、「主はわたしを愛してくださっている」とひとり言をいいます。
しかし、この真実のみ言葉は、あまりわたしの心の奥まで届きません。
この受難節が、わたしがあなたの愛に対して、
すべての抵抗を捨てることができる機会となりますように。
また、わたしをあなたのみ許近く呼び寄せてくださるときとなりますように。
アーメン

受難節第一週火曜日

Tuesday of the First Week in Lent

あなたがたが祈るときは、異邦人のようにくどくどと述べてはならない。異邦人は、言葉数が多ければ、聞き入れられると思い込んでいる。彼らのまねをしてはならない。あなたがたの父は、願う前から、あなたがたに必要なものをご存知なのだ。

――マタイ六・七―八

祈りとは、ただ神と話をすることだと考えている人がたくさんいます。祈りは、ふつう、神への一方的な働きかけに見えるので、ただ神に話しかけることだと思ってしまうのです。祈りをこのように考えると、強い欲求不満を引き起こしてしまいます。問題を出せば、解決を期待し、疑問が生じれば、答えを望み、導きを求めれば、その応答を期待します。ただ暗闇に向かって話しかけていると思うようになるにつれて、神とわたしとの対話が、本当はわたしの独り言に過ぎないのではないかと思い始めても不思議ではありません。そのようなとき、こんな自問自答を始めることがあります。ほんとうは誰に話しているのだろうか。神かそれとも自分自身にかと。

祈りの生活で危険なところは、頭は神の知識で満たされているが、心は神から遠く離れていることです。

最終的には、あなたの心に聴きなさい。イエスがあなたに一番親しく話しかけられるのは、心の中なのです。祈りとは、何よりもまず真っ先に、心の最も深いところにおられるイエスに耳を傾けることです。イエスは、叫んだりはしません。あなたに押しつけるようなこともしません。声は控え目で、ほとんどささやきのようです。それは、穏やかな愛の声です。あなたがどんな生き方をしようとも、あなたの心の中のイエスの声に耳を傾け続けなさい。積極的に、注意深く耳を傾けなければなりません。というのは、落ち着きのない騒がしいこの世では、神の愛に満ちた声は、すぐにかき消されてしまうからです。神に、自分から耳を傾ける時間を、毎日、たとえ十分でも取っておきなさい。毎日十分だけでもイエスと向き合えば、あなたの生活は根本から変えられます。

続けて十分間じっとしているのは、簡単ではないことが分かります。非常に騒がしく、気を散らす、神からではない声が、いろいろ聞こえてくるのにすぐ気がつくでしょう。しかし、あなたが毎日祈りの時を守り通すならば、ゆっくりではあるけれども、必ず優しい愛の声が聞こえるようになるでしょう。そしてそれを、さらにもっと聞きたいと願うようになるでしょう。

深い沈黙は、まず何よりも、祈りとは受け入れることであると気づかせてくれます。祈る人は、世界に向って両手を広げて立っている人です。その人には、自分を囲んでいる自然の中にも、自分が出会っている人との間にも、自分が直面している状況にも、神がご自身を示しておられることが分かるのです。そして、この世界は、その内に神の奥義を秘めていると確信するのです。さらに、その神の奥義が、自分に示されることを望むようになります。祈りは、そのように心を開いてくれます。その開かれた心に、神はご自身を与えてくださいます。確かに、神はそう望んでおられるのです。ご自身が創造された人間に、ご自身を委ねたいと願っておられるのです。人間の心の中に受け入れられることを、切に願ってさえおられるのです。

祈り

主よ、わたしの心をあなたにまっすぐ向け続けることが、
なぜこんなにも大変なのでしょうか。
なぜわたしの思いはあちこちとさまよい、
あなたから離れてしまうのでしょうか。
なぜわたしの心は、
迷わせるものへ強く引かれるのでしょうか。
この不安のただ中で、
あなたがおられることに気づかせてください。
疲れた体と、混乱した気持ちと、安らぎのない魂を、
どうか、あなたのみ腕の中に受けとめてください。
わたしを休ませてください。
ただ静かに休ませてください。

受難節第一週水曜日

◇◇◇—— Wednesday of the First Week in Lent

だから、わたしの愛する人たち、いつも従順であったように、わたしが共にいるときだけでなく、いない今はなおさら従順でいて、恐れおののきつつ自分の救いを達成するように努めなさい。あなたがたの内に働いて、御心のままに望ませ、行わせておられるのは神であるからです何事も、不平や理屈を言わずに行いなさい。そうすれば、とがめられるところのない清い者となり、よこしまな曲がった時代の中で、非のうちどころのない神の子として、世にあって星のように輝き、命の言葉をしっかり保つでしょう。

——フィリピ二・一二—一六

神は存在している。わたしが全身全霊を込めてこう言えるとき、聖ヨハネが語っている「グノーシス」（神についての知識）や、聖バシレイオスが書いている「メモリア・デイ」（神の記憶）をわたしは持つのです。わたしたちが持っているもの、考えること、感じること、そしてわたしたちの存在すべてをかけて「神は存在する」と言うなら、その言葉は、人間が口にできる言葉の中で、何よりも世界を揺るがすほどの内容を持ったものになります。そのことを口にするとき、理解に知的、感情的、情緒的、霊的などという区別は全くなくなり、ただ一つの真理が残され、こう宣言するのです。「神は存在している」と。心からこう言うとき、天地はおののき震えるのです。なぜなら、神が存在するなら、この世のものすべては、神から湧き出ることになるからです。神の存在についてのほんとうの知識、つまり神についての霊的認識にいたったことがあったかどうかを知りたければ、自分をどう感じているかに気づきさえすればよいのです。衣食住についての自分の欲望に気づくことです。自分の知力、体力、技能に気づくことです。それを使いたいという強い願望にも気づくことです。自分の怒り、情欲、復讐心や恨みに気づくことです。ときには、人を傷つけたいと思う欲望にさえ気づくことです。わたしの中心にあるのは、確かに「わたしが存在している」ことなのです。わたしの存在そのものが、わたしの心をいっぱいにしているのです。ですから、どちらを向いても、わたしが存在する、という自意識にがんじがらめになっている自分に気づくのです。憎しみと愛は異なる経験であり、権力欲と奉仕の精神は異なる願望ではありますが、自分の存在をかけがえのないものとしてはっきり自覚させてくれる意味においては、みな同じです。
けれども、いったん「神は存在している」と言うと、その時から、もはやわたしの存在が中心ではなくなるのです。神を本当に認識すると、わたしの全存在は、すべて神の存在に由来していることが明らかになります。これこそが、真に回心することなのです。自分の存在を認識する力を、よって立つ足場とはしなくなりますし、そこから神の存在を引き出し、思い描き、推論し、直感することは、もはやしなくなります。神を知ることで、不意に、あるいはゆっくりと、自分自身の存在がはっきりするのです。そうすると、まず神がわたしを愛してくださったからこそ、わたしも自分や身近にいる人々を愛せるということが、自分にとって現実になります。回心をするとは、自分の存在を全うする生き方を、自分で選べるということではありません。すべての中心に自分がいるのではないことに気づくことなのです。ひとたび神を「知る」と、つまり、人間としてのあらゆる経験の拠り所としての神の愛を、ひとたび身をもって知ると、ただ一つのこと、神の愛の内にとどまることだけを強く望むようになれるのです。

回心した人は、もう何も気にならないとは言わずにこういうのです。あるものすべて、一つひとつが神のみ手の中で起きていることであり、神こそわたしたちが、物事のほんとうの秩序を知るようになる拠り所なのです。また、「神が存在することが分かったので、何も問題はなくなりました」とは言えません。それどころか、「今や、すべてが神の光に包まれているので、大切でないものは何一つありえない」と言うのです。回心した人は、神の眼で見、神の耳で聞き、神の心で理解するのです。自分も全世界も神のみ手の内にあることを知るのです。神がおられるところに立っており、そこから見ると、すべてのことが大切になるのです。すなわち、のどが渇いている人に水を与えること、着る物のない人に着せること、新しい世界の秩序のために働くこと、祈ること、子どもに微笑みかけること、本を読むこと、安らかに眠ることなどがすべては元のままなのに、すべてが違ってくるのです。

祈り

いと高き神のもとに身を寄せて隠れ
全能の神の陰に宿る人よ
主に申し上げよ
「わたしの避けどころ、砦
わたしの神、依り頼む方」と。

あなたは主を避けどころとし……。

あなたには災難もふりかかることがなく
天幕には疫病も触れることがない。
主はあなたのために、御使いに命じて
あなたの道のどこにおいても守らせてくださる。

——詩編九一・一－二、九、一〇－一一

受難節第一週木曜日

◇ —— Thursday of the First Week in Lent

だから、自分の確信を捨ててはいけません。この確信には大きな報いがあります。神の御心を行って約束されたものを受けるためには、忍耐が必要なのです。

——ヘブライ一〇・三五—三六

イエスについてわたしたちが知っているものすべてが示しているのは、イエスが一つのことだけを心にかけておられたことです。それは、父なる神のみ旨を行うことでした。福音書の中でイエスが父に示された一途な従順さほど心打たれるものはありません。神殿で語られた最初のみ言葉「わたしが自分の父の家にいるのは当たり前だということを、知らなかったのですか」（ルカ二・四九）に始まり、十字架上での最後のみ言葉「父よ、わたしの霊を御手にゆだねます」（ルカ二三・四六）にいたるまで、イエスがひたすら心にかけておられたのは、父のみ旨を行うことでした。イエスは言われます。「子は、父のなさることを見なければ、自分からは何事もできない」（ヨハネ五・一九）と。イエスがなさったことは、イエスをこの世に送られた父なる神のみ業であり、イエスが語られた言葉は、父なる神が授けたみ言葉でした。イエスはこのことに少しも疑いを持っておられません。「もし、わたしが父の業を行っていないのであれば、わたしを信じなくてもよい」（ヨハネ一〇・三七）。「あなたがたが聞いている言葉はわたしのものではなく、わたしをお遣わしになった父のものである」（ヨハネ一四・二四）。

イエスがわたしたちの救い主であるのは、ただ、わたしたちのために言われたり、なさったりしたためだけではありません。父なる神のみ心に従って語られ行動されたからこそ、イエスはわたしたちの救い主なのです。そのため、パウロは言ったのです。「一人の人の不従順によって多くの人が罪人とされたように、一人の従順によって多くの人が正しい者とされるのです」（ローマ五・一九）と。イエスこそこの従順な方なのです。イエスの生涯の中心は、父なる神とのこのような従順な関係にあるのです。

わたしたちの生き方は、イエスの生き方に似るよう定められています。イエスの宣教の目的は、父なる神の家にわたしたちを連れていくことに尽きるのです。イエスは、わたしたちを罪と死のくびきから解き放つために来られただけでなく、同時に、神の聖なる命との交わりの中に導くために来られたのです。これがどういうことなのか、わたしたちには想像しにくいのです。イエスとわたしたちとの隔たりばかり強調しがちだからです。わたしたちの目に映るイエスは、全知全能の神の子であり、罪深く不完全なわたしたち人間は、到底近づきがたい存在と思ってしまいます。しかし、そう考えているときは、イエスがご自分の命を与えるために来られたことを忘れているのです。イエスはご自分と父との愛に満ちた共同体に、わたしたちを引き上げてくださるために来られたのです。イエスの宣教の根本目的に気づいたとき、初めて、わたしたちは、霊的生活が何であるかを理解できるのです。イエスのものはすべて、わたしたちも受けられるよう父なる神から与えられており、イエスがなさることはすべて、わたしたちにも許されているのです。

祈り

神よ、わたしの内に清い心を創造し
新しく確かな霊を授けてください。
御前からわたしを退けず
あなたの聖なる霊を取り上げないでください。

——詩編五一・一二—一三

受難節第一週金曜日

◇◇◇ —— Friday of the First Week in Lent

だから、あなたが祭壇に供え物を献《ささ》げようとし、兄弟が自分に反感を持っているのをそこで思い出したなら、その供え物を祭壇の前に置き、まず行って兄弟と仲直りをし、それから帰って来て、供え物を献げなさい。あなたを訴える人と一緒に道を行く場合、途中で早く和解しなさい。

——マタイ五・二三—二五

今朝、わたしを赦そうという神の強い思いについて深く考えてみました。それは、詩編一〇三編に示されています。「東が西から遠い程、わたしたちの背きの罪を遠ざけてくださる」。わたしはすっかり取り乱しながらも、何度でもわたしを赦そうと望んでおられる神の思いに心を動かされました。罪を犯してしまい、悔いた心で神のもとに立ち帰ると、神はいつもそこにおられ、わたしを抱きしめてくださり、もう一度やり直しをさせてくださいます。「主は憐れみ深く、恵みに富み、忍耐強く慈しみは大きい」。

本当に腹が立つことをした相手を赦すのは難しいことです。特に、度重なるとなおさらです。二度、三度ともなると赦しを乞う人の誠実さを疑い始めてしまいます。しかし、神は回数を問題にされません。神は、ひたすら、わたしたちが神のもとに立ち帰るのを待っておられます。怒らず、復讐しようなどと思わずに。神は、わたしたちが神の国に帰ることを望んでおられます。「神の愛は決して滅びない」。

他の人をなかなか赦せない理由は、おそらく自分が赦された者であることを十分に自覚していないからです。もし、自分は赦されている、罪や恥を感じながら生きる必要はないという真実を、完全に受け入れることができるなら、本当に自由になるでしょう。自分が自由であれば、他の人を七度どころか、その七十倍も赦すことができるのです。人を赦さないことによって、仕返しをしたいという気持ちに縛られ、その結果、自由を無くしてしまうのです。赦された人は、人を赦します。これは、わたしが祈るとき唱えていることです。「我らに罪を犯す者を我らが赦すごとく、我らの罪をも赦したまえ」と。

生涯にわたるこの闘いは、キリスト者の生活の中心にあるのです。

神の愛は無条件の愛です。わたしたちが暴力を使わずに、共に生きる道は、この愛に頼る以外にないのです。神はわたしたちを深く愛し、最後まで愛し続けてくださることを知ると、誰であろうと、何をしようと、人ができないことは望まなくなります。腹の立つことをされても寛大に赦せるようになり、仲間の敵意に、いつも愛をもって応えることができます。そうすることによって、人間としての新しい生き方と、世の中のいろいろな問題に対処する新しい方法が明らかになってきます。

祈り
わたしの魂よ、主をたたえよ。
主の御計らいを何ひとつ忘れてはならない。
主はわたしたちを罪に応じてあしらわれることなく
わたしたちの悪に従って報いられることもない。
天が地を超えて高いように
慈しみは主を畏れる人を超えて大きい。

東が西から遠い程
わたしたちの背きの罪を遠ざけてくださる。
父がその子を憐れむように
主は主を畏れる人を憐れんでくださる。

——詩編一〇三・二、一〇—一三

受難節第一週土曜日

◇◇ ——Saturday of the First Week in Lent

わたしは言っておく。敵を愛し、自分を迫害する者のために祈りなさい。あなたがたの天の父の子となるためである。父は悪人にも善人にも太陽を昇らせ、正しい者にも正しくない者にも雨を降らせてくださるからである

——マタイ五・四四、四五

キリスト者は、祈るとき、お互いのことを思い起こし祈ります（ローマ一・九、コリントⅡ一・一一、エフェソ六・八、コロサイ四・三）。そうすることで、祈ってもらった人は助けられ、救われることさえあります（ローマ一五・三〇、フィリピ一・一九）。しかし、憐れみに満ちた祈りかどうかを最終的に決めるのは、キリスト者同士、共同体のメンバー、友人、親戚のための祈りを超えていることです。イエスは、そのことを非常に明白に言っておられます。「わたしは言っ

ておく。敵を愛し、自分を迫害する者のために祈りなさい」（マタイ五・四四）。イエスは十字架上の苦しみのさ中にも、自分を殺そうとしている人のために祈っておられます。「父よ、彼らをお赦しください。自分が何をしているのか知らないのです」（ルカ二三・三四）。ここで、祈りの訓練がどれほど重要であるかが明らかになります。祈ることによって、わたしたちは、愛してくれる人だけでなく、わたしたちを憎む人をも自分の心の中に導き入れることができます。それが可能なのは、敵を自分の一部とし、真っ先に自分の心の中で、その人への見方を変えるときだけです。

誰かを敵だと思ったとき、まず勧められている行いは、その人のために祈ることです。これは、そう簡単にできることではありません。自分を憎んでいる人や自分が敵意を抱いている人を、心の奥底まで迎え入れるには訓練が必要です。一緒に生活しにくい人や、欲求不満、苦痛、さらに危害さえもたらす人は、とても自分の心に受け入れられそうもありません。それでも、わたしたちが対立する人に感じるこのような苛立ちを克服し、わたしたちを責める人の叫びに進んで耳を傾ける度ごとに、その人も兄弟姉妹だと分かるようになるでしょう。ですから、敵のために祈ることは現実の出来事であり、和解することなのです。敵を神のみ前に引き上げて、同時に憎み続けることはできません。祈りの場で見れば、無節操な独裁者も凶悪な拷問者も、もはや恐怖や憎悪や復讐の対象には見えません。祈るとき、わたしたちは神の憐れみの大いなる奥義の中に立つからです。祈りは敵を友に変えます。そのようにして、新しい関係が始まります。おそらく、敵のための祈りほど力強い祈りはないでしょう。しかし、それはまた、最も難しい祈りです。なぜなら、それは、わたしたちの感情に全く反しているからです。敵のための祈りを神聖さの主要な基準と考える聖人がいるのも、これで説明がつきます。

あなたの敵を愛し、あなたを憎む者に親切にしなさい。悪口を言う者に祝福を祈り、あなたを侮辱する者のために祈りなさい……。

この言葉は、非暴力の抵抗の精神とイエスの説教の核心を表しています。福音書の中で一番厳しい言葉は何ですかと問われたら、あなたはためらうことなくこう答えるでしょう。「あなたの敵を愛しなさい」と。この言葉こそが、イエスが説いている愛をもっとも的確に表しています。イエスの弟子であるとはどういうことか、この言葉に一番分かりやすく現れています。敵を愛せるかどうかが、キリスト者としての試金石です。

祈り

主よ、あなたの民であるわたしたちを、
あたたかく見守ってください。
わたしたちに、あなたの愛を分けてください。
知識や理念でなく、生きた体験として。
わたしたちは互いに愛し合うことができます。
まずあなたが、わたしたちを愛してくださったのですから。
すべての人間の愛は、
あなたの大きな愛の反映であることが分かるよう、
あなたの最初の愛を教えてください。
無条件で、限りない愛を。
アーメン

受難節第二週日曜日

◇ —— Second Sunday in Lent

ペトロがこう話しているうちに、光り輝く雲が彼らを覆った。すると、「これはわたしの愛する子、わたしの心に適う者。これに聞け」という声が雲の中から聞こえた。

——マタイ一七・五

わたしたちがパンを裂くとき、イエスの生涯に実際起こったことと、イエスに結ばれている自分たちの生き方をも明らかにします。イエスは、パンを取り、感謝して祈り、それを裂き、友に与えました。空腹の群衆を見て憐れみを感じ、イエスはそのようにされました（マタイ一四・一九、一五・三六）。死を前にした夕べ、弟子たちに別れを告げるとき、イエスはそのようにされました（マタイ二六・二六）。エマオへの途上で二人の弟子に会い、自分のことを明らかにされたとき、イエスはそのようにされました（ルカ二四・三〇）。イエスが亡くなられてから、キリスト者はイエスを記念するために、そのようにしてきました。

したがって、パンを裂くとは、キリストの生涯とわたしたちの生涯が、今ここに現されるのを喜び祝うことなのです。パンを取り、感謝して祈り、それを裂き、友に与えるという行為は、イエスの奥義を最もはっきりした形で表しています。父なる神がひとり子の形をとり、世に遣わされたのは、御子《みこ》によって世が救われるため（ヨハネ三・一七）なのです。ヨルダン川やタボル山で、神は御子を祝してこう言われました。「これはわたしの愛する子、わたしの心に適う者。これに聞け」（マタイ三・一七、一七・五）と。神の子が、十字架上で引き裂かれ、「刺し貫かれたのは、わたしたちの背きのためであり、打ち砕かれたのは、わたしたちの咎のため」（イザヤ書五三・五）でした。しかし、死によって、御子イエスは、わたしたちに食べ物としてご自身の体を差し出されました。最後の晩餐で弟子たちに話された「これはあなた方に与えるわたしの体である」（ルカ二二・一九）という言葉を現実のこととされたのです。

イエス・キリストがわたしたちに望んでおられることは、手に取られ、感謝して祈られ、裂かれ、与えられるこの命にあずかることなのです。だから、弟子たちにパンを裂いたとき、「わたしの記念としてこのように行いなさい」（ルカ二二・一九）と、イエスは言われたのです。キリストの記念として、わたしたちがパンを裂き、ぶどう酒を飲むと、キリストご自身の憐れみ深い命と親しく交わるのです。それどころか、わたしたちは、キリストの命と一つとなり、その命を、わたしたちが生きている今このときに、キリストのように生きることができるようになるのです。
これが、神がイエス・キリストの姿を取られた受肉の奥義なのです。神はわたしたち人間のところまで下りて来られ、わたしたちと同じ人間になられました。ひとたびわたしたちの中に入られるや、ご自身を完全に捨てられ、死を宣告された道を歩まれたのでした。西暦一世紀のころにはすでに、イエスのこの謙遜の歩みを歌った一つの讃美歌がありました。パウロはフィリピの教会の人々に送った手紙の中に、この讃美歌を書き記し、人生の梯子をへりくだって下りるイエスの歩みに倣いなさいと命じています。

キリスト・イエスの思いを自分のものとしなさい。
キリストは神の身分でありながら
神と等しい者であることに
固執しようとは思わなかった。
かえって自分を無にして
僕の身分になり
人間と同じ者になられた。

人間の姿で現れ
へりくだって、死にいたるまで、それも十字架の死にいたるまで――従順でした。

ここに、とても分かりやすくまとめられているのが、神の愛の生き方です。低く低く最も貧しい所へくだる生き方です。つまり、命を奪われる犯罪者が向かうどん底の状態です。

イエスは父なる神が自分を愛したように、弟子たちを愛しています。この愛が、イエスと父なる神を一つにし、弟子とイエスを一つにしています。

祈り
神よ、あなたは言われました。
あなたのみ心に適う者に聞けと。
み言葉で養ってください。
あなたの栄光が分かるように、霊の目を洗い清めてください。
イエス・キリストによって、お願いいたします。

受難節第二週月曜日

——Monday of the Second Week in Lent

あなたがたの父が憐れみ深いように、あなたがたも憐れみ深い者となりなさい。人を裁くな。そうすれば、あなたがたも裁かれることがない。人を罪人だと決めるな。そうすれば、あなたがたも罪人だと決められることがない。赦しなさい。そうすれば、あなたがたも赦される。

——ルカ六・三六—三七

あなたがたの父が憐れみ深いように、あなたがたも憐れみ深い者となりなさい」とイエスがお命じになったのは、神ご自身の憐れみにあずかるためです。人を押しのけようとする自己中心の思い込みを捨て去り、自己を確認する拠り所としてむなしい栄誉にしがみつくのをやめ、イエスご自身が知っておられるのと同じ、神との親しい交わりの中に導かれるようにと、イエスはわたしたちに求めておられます。このことこそキリスト者としての生き方の奥義です。すなわち、新しい自分、生まれ変わった真の姿を受け入れることであり、それは何を成し遂げるかではなく、何を喜んで受け入れるかによって決まってきます。この生まれ変わった自分が、キリストにあって、キリストを通して、神の命にあずかるのです。イエスは、ご自身が神に属しておられるように、わたしたちも神のものとなることを、そしてイエスが神の御子であるように、わたしたちも神の子どもとなることを求めておられます。恐れや疑いに満ちた古い生き方を捨て、新しい生き方、すなわち神ご自身の命を受け入れるよう、イエスはわたしたちに望んでおられます。キリストによってわたしたちは新しく生まれ変わり、「わたしは競争に勝つことで得られる尊敬ではなく、神から惜しみなく与えられる愛によって生きている」と言うことができます。そしてわたしたちは、パウロと一緒に「生きているのは、もはやわたしではありません。キリストがわたしの内に生きておられるのです」（ガラテヤ二・二〇）と言うことが許されます。

この生まれ変わった自分は、イエス・キリストの心を持った者として、父が憐れみ深いように、わたしたちを憐れみ深い者としてくれます。キリストに結ばれていれば、わたしたちは競争から救い出され、全き神と一つになります。競争のない神の世界に加わることにより、わたしたちは、互いに新たな憐れみ深い交わりをもつことができます。すべての命をお与えになられる方からいただいた、それぞれの真の姿を認めることにより、わたしたちは互いに気兼ねや恐れなしに、共存することができます。この生まれ変わった自分は、物欲や権力欲から解き放たれて、他の人の痛みを全面的に、また無条件に担い合うことができるので、病める者を癒し、死者を甦らせることができるようになります。わたしたちが神の憐れみにあずかるとき、使徒や、その後数世紀にわたってキリストを証ししてきた、偉大なキリスト者たちの生涯に垣間見られる生き方が、全く新しい生き方としてわたしたちの前に開かれてきます。この神の憐れみは、わたしたちが自分勝手に作り上げた憐れみのように、競うようなものではありません。むしろそれは、個人個人の比較や対抗や競争からしだいに離れていく、新しい生き方を表しています。

憐れみは、痛みのある所に行き、苦しみの場に足を運び、挫折、恐怖、混乱、苦悩を共に分かち合うことを、わたしたちに求めています。憐れみは、苦難の中にある人と共に泣き、孤独な人と共に悲しみ嘆き、涙にくれている人と共に涙を流すことを、わたしたちに促しています。憐れみは、弱い人と共に弱くなり、傷つきやすい人と共に傷つき、力のない人と共に無力になることを、わたしたちに課しています。憐れみとは、人間としての身分にどっぷり浸かることを意味します……。憐れみは、苦難を共にすることと理解されており、わたしたちの心に強い抵抗心や、抗議の気持さえ起こることがよくあるのは、驚くに足りません。わたしたちはこう言いたくなります。「これは自分を鞭打つことだ。マゾだ。苦痛に対する病的な関心ではないか。これこそ不健全な欲望だ」と。大切なのは、わたしたちがこの抵抗を認めて、苦しみはわたしたちが願ったり、惹かれたりするものではないと理解することなのです。それどころか、苦しみはわたしたちが何としても避けたいと願っているものです。したがって、憐れみは、わたしたちの自然な反応ではありません。わたしたちは苦痛を避けようとしており、苦しみに魅力を感じるような人は異常であり、少なくとも非常にまれだと考えます。

祈り

主なるイエスよ、
あなたは、わたしたちのところに下られ、
父なる神の憐れみ深い愛を示し、
人びとが心と思いと精神を尽くして、この愛を知るようにしてくださいました。
そして、主よ、つまずくことの多いこの僕をお赦しください。
アーメン

受難節第二週火曜日

❖ —— Tuesday of the Second Week in Lent

あなたがたのうちでいちばん偉い人は、仕える者になりなさい。
だれでも高ぶる者は低くされ、へりくだる者は高められる。

——マタイ二三・一一－一二

自分のようにへりくだって、後に従ってくるようにと、イエスはわたしたちを招いておられます。「へりくだる者は高められる」（ルカ一四・一一）。「わたしのため、また福音のために命を失う者は、それを救うのである」（マルコ八・三五）。「自分を低くして、この子どものようになる人が、天の国でいちばん偉いのだ」（マタイ一八・四）。「わたしの後に従いたい者は、自分を捨て、自分の十字架を背負って、わたしに従いなさい」（マルコ八・三四）。「心の貧しい人々は、幸いである……悲しむ人々は……義に飢え渇く人々は……義のために迫害される人々は……」（マタイ五・三―一〇）。「敵を愛し、自分を迫害する者のために祈りなさい」（マタイ五・四四）。

これがイエスの道であり、弟子たちを招かれた道です。それは、まずわたしたちをたじろがせ、少なくとも当惑させる道です。誰がへりくだることを望むでしょうか。誰がしんがりになることを望むでしょうか。誰が無力な幼子のようになることを望むでしょうか。誰が命を失ったり、貧しくなったり、悲しんだり、飢え渇いたりすることを願うでしょうか。これらすべては、わたしたちの本性とは相反するように見えます。しかし、イエスがみずからを徹底的に低いところまで引き下げて、神の憐れみ深さを示されたことが分かったとき、わたしたちはイエスに従うことが、絶えず神ご自身を現そうとするみ業に加わることになると、理解し始めるのです。

イエスはみずからを低くする生き方のすばらしい奥義を、わたしたちに示しておられます。それは苦難の道ですが、また、癒しへとつながる道でもあります。屈辱の道ですが、復活へとつながる道でもあります。涙の道ですが、その涙を喜びの涙に変えてくれる道でもあります。それは闇に隠された道ですが、すべての人のために輝く光へとつながっている道でもあります。迫害、弾圧、殉教、そして死の道ですが、神の愛が完全に現れる道でもあります。ヨハネによる福音書でイエスは言われます。「モーセが荒れ野で蛇を上げたように、人の子も上げられねばならない」と。このみ言葉から、イエスのみずからを低くする生き方が、どのように高く上げられることになるかが分かります。イエスの語られた「上げられる」とは、彼が徹底的な屈辱のうちに十字架に上げられたことと、完全な栄光の内に死人の中から上げられたことを指しています。

どうしたらイエスに倣って自分を低くする生き方ができるのか、疑問に感じる人がいるでしょう。それは非常に個人的で、心の奥底の問題なので、最終的にはあなた自身しかその答えを出せないと、わたしは思います。それは、単にお金、財産、知識あるいは友人や家族を棄てるといった問題ではありません。文字通りに受け取る人もいますが、それは、その道を個人的に選ぶよう招かれたと感じたからに過ぎません。わたしたちは、一人ひとり自分を低くする愛の道を見出さなければならないのです。そのために、多くの祈りと忍耐と導きが必要です。イエスに「従う」ために、すべてを投げ捨てるような宗教的スタンドプレーとは全く関係ありません。自分を低くする道は、人それぞれの心の中に隠されています。しかし、めったに通らないために、その道は雑草に覆われていることが多いのです。ゆっくりと、だがしっかりと、わたしたちはその雑草を取り除き、道を開いて、怖れずにその道に踏み出さなければなりません。

わたしにとって、この草取りの過程はいつも祈りと結びついています。なぜなら、たとえ何か大事なことで非常に忙しいときでも、祈ることは神のために時間をさくことだからです。あなたが神のために時間をさくときはいつでも、自分を低くする小道を少しずつ切り開くのです。そうすれば、その愛の道のどこに足を踏み出せばいいのか分かるでしょう。

祈り

主なるイエス・キリスト、
わたしたちをあなたと同じ姿勢にしてください。
あなたはご自分を無にして、僕《しもべ》の身分になられました。
あなたはへりくだって、死にいたるまで、
それも十字架の死にいたるまで、従順でした。

——フィリピ二・五、七―八による

受難節第二週水曜日

◇ —— Wednesday of the Second Week in Lent

あなたがたの中で偉くなりたい者は、皆に仕える者になり、
いちばん上になりたい者は、皆の僕になりなさい。
人の子が、仕えられるためではなく仕えるために、
また、多くの人の身代金として自分の命を献げるために来たのと同じように。

——マタイ二〇・二六－二八

神の憐れみのすばらしい奥義は、憐れみの心をもって僕の姿をとり、わたしたちにご自身を神として示しておられることです。神が仕える者になられても、神であることを否定するものではありません。神がみずからを虚しくし、辱しめを受けられたのは、神そのものから外れた行為ではないのです。神がわたしたちと同じ姿をとられ、十字架の上で死なれたのは、

神であることを一時的にしろ中断するものではありません。むしろ、すべてを奪われ、辱しめを受けたキリストにおいて、わたしたちは神と出会い、神が実際にどのような方であるかを見、イエスがまことの神であることを知るようになるのです。

神は仕える者になられても、それによって神の価値を損ねてはいないし、ご自身と相容れないものになるわけでもありません。神であるご自分に反したり、あるいは外れたふるまいもしておられません。それどころか、ご自身を神として現すために、神が選ばれたのは、仕える者になることです。ですから、イエス・キリストに見られるみずからを低くする姿は、神から離れようとするのではなく、神であるイエス本来の姿に向かって進んで行くことであると言えます。キリストは支配するためではなく、仕えるためにこの世に来られた、わたしたちの唯一の神なのです。神が仕える者の姿を通してのみ知られることを望んでおられ、したがって、仕える者になることが神の自己啓示であると、このことがきわめてはっきりと表しています。

わたしたちが新しい角度から理解しようとし、仕える者になることが神ご自身との出会いへの道であると認めないかぎり、徹底して仕えることの意味は分かりません。辱しめと迫害の中で神を見出せないなら、進んで辱しめを受け、迫害されるのを願うはずはないでしょう。

すべての安らぎと慰めの源である神ご自身が、仕える者の中心におられることを理解し始めると、憐れみは、不幸な人々に対して親切にするだけでなく、もっとはるかに深いものになっていきます。憐れみ深い神と出会って、徹底して仕える者になると、富と貧困、成功と失敗、幸運と不運の間の垣根を乗り越えることができます。徹底して仕えるとは、あらゆる不幸を一身に引き受けようとする大変な仕事ではなく、喜びに満ちた生き方なのです。そこでは、ご自身を知らせるために、仕える者となる道を選ばれたまことの神の姿に目が開かれることになります。貧しい人は幸いであると言われていますが、それは貧しいことがよいのではなく、天国がその人のものだからです。悲しむ人は幸いであると言われていますが、それは悲しむことがよいのではなく、その人が慰められるからです。

ここで、わたしたちは深遠な霊的真理に触れています。それは、奉仕が、単に個人や社会を変革したいというのでなく、神を探し求めることを表しているからです。

喜びと感謝は人の心の特質で、イエス・キリストの歩んだ道に仕える生涯をささげる人たちに見られるものです。心のこもった奉仕に接すると、わたしたちは喜びを覚えます。なぜなら奉仕の最中に、神の存在が見え、賜物が与えられるからです。イエスに従う者として奉仕する人は、自分が与えている以上のものを受けていることに気がつきます。母親は自分の子どもを世話するのに、何も報いを必要としません。子どもが母親の喜びだからです。ちょうどそれと同じように、隣人に奉仕する人は、奉仕している人の中にその報いを見出すでしょう。みずからを虚しくしてへりくだられた主に従う人の喜びは、自分が探し求めているものが、苦難や苦痛ではなく神にあることを示しています。そのような人は、神の憐れみを自分の生活の中で感じとっています。その人の目は貧困や苦難にではなく、愛に満ちた方のみ顔に注がれています。

祈り

主よ、
あなたは道であり、真理であり、命です。
あなたを通らなければ、だれも父のみもとに、
行くことはできません。

――ヨハネ一四・六による

受難節第二週木曜日

Thursday of the Second Week in Lent

心を探り、そのはらわたを究めるのは主なるわたしである。
それぞれの道、業の結ぶ実に従って報いる。

――エレミヤ書一七・一〇

今の世の中でたやすく分かるのは、わたしたちはみな、何かを成し遂げたいという強い願いを持っていることです。社会構造の非常に劇的な変革を想い描いている人もいれば、せめて家を建てたい、本を書きたい、機械を発明したい、あるいはトロフィーを勝ちとりたいと思っている人もいます。ちょっと他人のためになることをするだけで、満足しているような人もいます。わたしたちはみな、世の中にどれだけ貢献しているかという点から自分自身のことを考えます。そして年をとってくると、幸せと感じるか悲しいと感じるかは、自分がこの世界や歴史などに、具体的にどのような役割を果たしてきたかという評価に大きく左右されます。

わたしたちが自分の成し遂げた成果を意識しすぎるようになると、人生は一つの大きなスコアボードとなり、そこに誰かが価値を測って点数をつけるという間違った信念を、少しずつ持つようになります。そしてそのことにはっきり気がつかない内に、自分の魂を多くの批評家に売り渡してしまいます。わたしたちがこの世に存在しているだけでなく、この世に属してしまうということになるのです。そうすると、わたしたちはこの世に支配されてしまいます。誰かが高い評価をくれれば利口な人、ありがとうと言われれば役に立つ人、誰かが好いてくれればいい人なのです。そして、なくてはならない人と思われれば、重要人物となります。つまり、成功すれば立派な人なのです。

キリスト者として生きるということは、この世で、この世に属さずに生きることです。この内なる自由が育まれるのは、ひとりになる時です。

ひとりだけの場所を持たない生き方、静かな心の中心を持たない生き方は、破滅を招きやすいものです。自分を確認する唯一の手段として、自分の行いの成果にすがりつくと、所有欲が強くなり、守りの姿勢をとり、仲間を、命の賜物を分かち合う友というよりは、遠ざけたい敵として見るようになりがちです。

ひとりでいると、わたしたちは少しずつ所有欲という幻想を拭い去り、自分とは、自ら勝ちとった存在ではなく、与えられた存在であることを、心の底から悟ることができます。ひとりでいると、自分が口を開く前に話しかけてくださった方の声を聞くことができます。助けを求める前に癒してくださった方、自分が他の人を自由にするずっと前にわたしたちを自由にしてくださった方、誰かを愛する前にわたしたちを愛してくださった方、その方の声を聞くことができます。存在することが、何を所有しているかよりも大切であり、努力の成果よりも、自分の存在そのものに価値があると気がつくのは、ひとりでいる時です。ひとりでいると、命は守るべき所有物ではなく、分かち合うべき賜物であることに気がつきます。そこでこそ、口から出る癒しの言葉が、単に自分自身の言葉であるばかりでなく、神から与えられたものであり、自分が表すことのできる愛が、より偉大な神の愛の一部であり、生み出す新しい命は、しがみつくべき財産ではなく、授けられた賜物であると悟ります。

ひとりでいると、自分の価値はどれだけこの世に役立っているかで決まるものではないと、気がつくようになります。

祈り

主よ、あなたはわたしを究め
わたしを知っておられる。
座るのも立つのも知り
遠くからわたしの計らいを悟っておられる。
歩くのも伏すのも見分け
わたしの道にことごとく通じておられる。

神よ、わたしを究め
わたしの心を知ってください。
わたしを試し、悩みを知ってください。
御覧ください　わたしの内に迷いの道があるかどうかを。
どうか、わたしを　とこしえの道に導いてください。

——詩編一三九・一—三、二三—二四

受難節第二週金曜日

Friday of the Second Week in Lent

だから、言っておくが、神の国はあなたたちから取り上げられ、
それにふさわしい実を結ぶ民族に与えられる。

――マタイ二一・四三

大部分の人にとって、説教には目新しさがほとんどない、と思うのが現実かも知れませんが、それでも福音の核心となる教えには、だれもまだ完全には解き明かしていない一つの真理があります。そして、本当に聞き従うとは、信じていると公言していることをまだ理解していないと告白することにほかなりません。たとえば、偶然に頂点を極めている人は、最後の人が一番になるという言葉を聞きたいでしょうか。また、お金があって、自分に満足し、十分食べ物があり、自分のぶどう酒をほめられ、周りの人たちから称賛されている人が、貧し

い人、嘆き悲しむ人、飢えかわいている人、迫害されている人は幸いであるという言葉を聞きたいと思うでしょうか。上司をいやな奴、自分の息子をろくでなしと言っている人が、汝の敵を愛せとか、迫害する者のために祈れという言葉を聞きたいと思うでしょうか。

神の言葉は生涯を通じて変わりなく、いろいろな言葉や言いまわしで何度も繰り返されるでしょうが、本当に神の言葉を実行する人は、同時に、自分が必ずしも求めていない生き方であっても、その結果を受け入れるべきだと判断します。何といっても神の真理は厳しいものです。その厳しさは命の根源にまで達しています。そのため、真理がもたらす自由を求める人はほとんどいません。実際、真正面から神の真理と向かい合うという怖れから、自分もまたイエスに非難されたグループの一人であると謙虚に告白することができず、いらだちや怒りとして表してしまいがちです。

キリスト者が真のキリスト者であるためには、自分が住んでいる社会に絶えず批判の目を向け、個人ばかりでなく世界の変革が必要だと強調し続けなければなりません。キリスト者が真のキリスト者であるためには、自分自身も他の人も心地良さに安住しようとすることは許されません。キリスト者は、常に現状に満足してはいません。そして、来たるべき新しい世界の実現のために、欠くことのできない役割を担っていると信じています——たとえ世界がどのように変わるかは説明できないとしてもです。キリスト者が真のキリスト者であるためには、神の国の福音は、あらゆる民への証しとして、全世界に宣べ伝えられる（マタイ二四・一四）というみ言葉を、すべて会う人に言い続けなければなりません。キリスト者は、この世に生きているかぎり、人びとを差別しない新しい秩序を、誰とでも握手のできる新しい社会を、そして調和と平和が続く新しい生活を探し求め続けます。隣人が活気や勇気を失ったり、あるいは身近にある小市民的快楽に逃避するのを許さないでしょう。キリスト者は、自分や他の人にもある満たされた状態や自己満足にいらだちを感じるのです。なぜなら、キリスト者は、その最初の光をすでに見ているので、やがて素晴らしいものがやって来ることを、ゆるぎない確信をもって知っているからです。この世が、単に過ぎて行くのではなく、新しい世界を誕生させるために、変わっていかなければならないと信じています。この世の生活で、何も残したことはないとして安らげるときなど片時もありえないと信じています。しかし、望んだ結果が見られなくても望みを失わないでしょう。なぜなら、すべての働きの最中にあっても、キリスト者は、玉座に座っておられる方のみ言葉を聞き続けているからです。「わたしは万物を新しくする」（ヨハネ黙示録二一・五）。

祈り

神よ、あなたの秘められた計画が異邦人にとって
どれほど栄光に満ちたものであるかを、
あなたはわたしたちに知らせようとされました。
その計画とは、わたしたちの内におられるキリスト、栄光の希望です。
このキリストを、わたしたちは宣べ伝えており、
すべての人がキリストに結ばれて完全な者となるように、
知恵を尽くしてすべての人を諭し、教えています。

――コロサイ一・二七―二八による

受難節第二週土曜日

―― Saturday of the Second Week in Lent

ここをたち、父のところに行って言おう。「お父さん、わたしは天に対しても、また お父さんに対しても罪を犯しました。もう息子と呼ばれる資格はありません。雇い人 の一人にしてください」と。そして、彼はそこをたち、父親のもとに行った。ところ が、まだ遠く離れていたのに、父親は息子を見つけて、憐れに思い、走り寄って首を 抱き、接吻した。

――ルカ一五・一八―二〇

これは、立ち帰ることについての話です。わたしは何度も繰り返し、立ち帰ることの大切 さを実感しています。わたしの生き方は神から離れてさまよっています。さあ、戻らなけれ ばなりません……。戻ることは生涯続く心の闘いです。

わがまま息子が身勝手な動機を持ったということが、わたしには驚きでした。彼は自分自身に言い聞かせました。「父のところでは、あんなに大勢の雇い人に、あり余るほどのパンがあるのに、わたしはここで飢え死にしそうだ。ここをたち、父のところに行こう」。父に対する愛情を取り戻したため、家に帰ったのではありません。そうではなく、単に生き延びるために戻って来たのです。自分の選んだ道が、死につながっていることに気がついたからです。生きていくためには、父のもとに帰ることが必要だったのです。自分が罪を犯したことに気がついたが、それが分かったのは、罪が自分を死の瀬戸際まで追いやったからです。

わたしは、父親が高尚な動機など求めなかったことに感動します。父の愛は絶対で、無条件なので、父はその息子をただただ喜び迎え入れたのです。

これは非常に勇気づけてくれる教えです。神はわたしたちを抱きしめるのに、清い心を求めてはおられません。わたしたちが欲望に従ったために、幸福をつかみそこなったという理由だけで帰って来たとしても、神は受け入れてくださいます。異教徒であるよりも、キリスト者であるために心の平安が得られるという理由で戻ったとしても、神はわたしたちを迎えてくださいます。期待したほどに、罪が満足を与えてくれなかったということに気がついて帰ったとしても、神は受け入れてくださいます。自分でうまくやれなかったため戻ったとしても、神は迎え入れてくださいます。神の愛は、戻ったわけなど問いません。神は、家に帰ったわたしたちに会って喜ばれ、ただ家にいるだけで、求めるものすべてを与えようとなさいます。

わたしはレンブラントの絵画『放蕩息子の帰還』を思い浮かべます。目のかすんだ年老いた父親が、無条件の愛情で、戻って来た息子を抱きしめています……。彼はただ一つのことしか考えていないように見えます。「息子が家に帰ってきた。また息子と一緒に居られてこんなにうれしいことはない」。

絶望の声が聞こえます。「わたしは繰り返し罪を犯しています。今度こそ改めると自分にも人にも何度も約束した後、再び以前の暗闇に戻っているのに気がつきます。変わろうなどと思わない方がいいのです。何年も努力してきたがうまくいかなかった。これからだって駄目だ。世間の人の邪魔にならないようにして、忘れ去られ、もう、じたばたせずに死んだ方がましだ」。

この不思議に心をひかれる声は、すべてのもやもやを取り去り、闘いを終わらせてくれます。その声は、はっきりと暗闇を求め、明らかに否定的な生き方を示しています。

しかし、イエスが来られ、もう一つの声を聞かせてくださいました。「わたしはあなたの神。わたしはみずからの手であなたを造りあげ、わたしの造ったものを愛しています。わたしは限りない愛をもってあなたを愛しています。わたしが愛されているように、あなたを愛していいます。わたしから逃げないで、戻ってきなさい――一度や二度ではなく、いつでも何度でも。あなたはわたしの子ども。わたしがあなたを再び受け入れ、胸に抱きしめ、くちづけし、髪を手でやさしくなでようとするのを、あなたはどうして疑うのですか。わたしはあなたの神――恵みと憐れみの神、赦しと愛の神、優しさと思いやりの神です。わたしがあなたを見捨てた、あなたにはもう我慢できない、やりなおしはきかない、などと言わないでほしい。それは間違っています。あなたが共にいて欲しい、身近にいて欲しいと心から願っています。わたしは、あなたの思いをすべて知っています。あなたの声をすべて聞いています。行いをすべて見ています。あなたは、美しく、わたし自身の姿に似せて造られ、わたしの心からの愛の表れなのです。自分を裁いてはいけません。責めてもいけません。自分自身を見捨ててはいけません。わたしの愛が、あなたの心の奥底の隠れた隅々にまで届いています。あなたの美しさを表すようにしなさい。いまは見失っているが、わたしの恵みの光の中で、再びあなたに見えるようになるその美しさを見せてください。さあ、わたしのところに来なさい。涙を拭いてあげよう。あなたの耳に口を近づけてこう言います。『愛しています。あなたを愛しています。わたしはあなたを愛しています』と」。

これこそ、イエスが、わたしたちに聞いて欲しいと願った声です。その声は、愛をもってわたしたちを造られ、恵みをもって造り直したいと望まれる方のもとへ戻るようにと、いつも呼びかけています。

祈り

主よ、わたしの主よ、
あなたの声に耳を傾け、
あなたの恵みを受け入れる者としてください。

受難節第三週日曜日

Third Sunday in Lent

この水を飲む者はだれでもまた渇く。
しかし、わたしが与える水を飲む者は決して渇かない。
わたしが与える水はその人の内で泉となり、永遠の命に至る水がわき出る。

——ヨハネ四・一三—一四

受難節の最中にあって、わたしは、復活祭が、再び近づいていることに気づかされます。日が長くなり、雪が溶けていき、陽射しが新たな暖かさを届けてくれ、小鳥がさえずっています。昨日、晩祷の最中に、猫の鳴き声がしていました。まさに春の到来です。そして今宵、主よ、わたしはサマリアの女に語りかけられるみ声を聞きました。主は言われました。「わたしが与える水を飲む者は決して渇かない。わたしが与える水はその人の内で泉となり、永遠の命にいたる水がわき出る」と。なんというみ言葉でしょう！　何時間も、何日も、いや何週間もの黙想に値するものです。復活祭を迎える準備として、わたしの心に留めておきましょう。あなたが与えてくださる水は泉となるのです。このゆえに、わたしはあなたからの賜物を出し惜しみしなくてもよいのです、主よ。わたしの心の奥の泉から惜しみなく水をあふれ出させ、だれでも求める人に飲ませることができます。おそらくわたしは、人々が渇きを癒しにここに来たとき、わたしの中にあるこの泉を見ることさえできるでしょう。

聖餐式では、神の愛がもっとも目に見えるかたちをとって現されます。イエスは人となられたばかりでなく、わたしたちが食べたり飲んだりすることで、神の愛が自分のものとなるように、パンとぶどう酒にもなってくださったのです。聖餐式の大いなる奥義は、神の愛が抽象的ではなくはっきりと目に見えるかたちで、つまり、理論としてではなく毎日の食べ物として、わたしたちに差し出されたことにあります。聖餐式は、わたしたちが神の愛を自分のものとする道を開いてくれます。イエスご自身がそれをわたしたちに解き明かして、こう言っておられます。

……わたしの肉はまことの食べ物、

そしてわたしの血はまことの飲み物。
わたしの肉を食べ、わたしの血を飲む者はだれでも、
わたしにあって生き、わたしはその人にあって生きる。
生きておられる父がわたしを遣わされ
わたしは父から命を受けている。
だから、わたしを食べる者はわたしから命をも受けるだろう。

聖餐式でイエスの血と肉を受けるときにはいつも、イエスの愛があなたに与えられます。イエスが十字架の上で示してくださったその愛が。それは、あらゆる人に、あらゆるとき、あらゆる場所において与えられる神の愛です。あらゆる宗教と信条の持ち主に、あらゆる人種と階級に、あらゆる民族と国民に、あらゆる罪人と聖人に等しく与えられる神の愛です。
十字架の上でイエスは、神の愛がどんなに広いかを、わたしたちに示してくださいました。それは、自分を十字架にかけた者にさえおよぶ愛です。全身に傷を受け、すべてを剥ぎ取られて、十字架に釘で打ちつけられているときも、イエスはなお、自分の死刑執行人たちのために祈られるのです。「父よ、彼らをお赦しください。自分が何をしているのか知らないのです」と。敵に対するイエスの愛には、限りがありません。ご自分を死に追いやろうとしてい

る人々のためにさえ祈っておられます。聖餐式を通してわたしたちに与えられるのは、敵をも愛するこの神の愛です。敵を赦すことは、わたしたちの力でできることではありません。それは神からの賜物です。だからこそ、聖餐式を生活の中心に置くことが、こんなにも重要なのです。あなたよりも前にイエスが歩まれた道を、あなたにも歩む力を授けてくれる愛を受けるのは、聖餐式においてなのです。その道は狭く、苦難に満ちていますが、本当の喜びと平和を与え、非暴力の神の愛をこの世で明らかにする力を、あなたに与えてくれる道なのです。

祈り
涸れた谷に鹿が水を求めるように
神よ、わたしの魂はあなたを求める。
命の泉はあなたにあり
あなたの光に、わたしたちは光を見る。

——詩編四二・二、三六・一〇

受難節第三週月曜日

Monday of the Third Week in Lent

「はっきり言っておく。預言者は、自分の故郷では歓迎されないものだ」……これを聞いた会堂内の人々は皆憤慨し、総立ちになって、イエスを町の外へ追い出し、町が建っている山の崖まで連れて行き、突き落とそうとした。しかし、イエスは人々の間を通り抜けて立ち去られた。

――ルカ四・二四、二八―三〇

イエスは、非常に困難な状況のもと、虐げられた少数民族のなかで人となられました。ユダヤの支配者たちから辱めを受けて捕らえられ、二人の犯罪者の間にはさまれて、不面目な死刑に処せられたのです。

イエスの生涯には、華々しさは何もありません。それどころか、その反対なのです！　イエスの奇跡を見ても、人を癒したり生き返らせたりなさったのが、人気を集めるためではなかったことが分かります。イエスは、そのことを人に言うのさえ止められることが多かったのです。イエスの復活も隠された出来事でした。弟子たちと生前親しくしていた数人の男女だけが、復活された主なるイエスに会ったのです。

キリスト教が世界の主要な宗教の一つとなり、何百万という人々が、日々、イエスの名を口にするようになった現在、イエスが密かに神であることを現されたとは、信じ難いものがあります。しかし、イエスの生涯も、死も、復活でさえも、神の偉大な力で、わたしたちをあっと言わせるためのものではありませんでした。神は、へりくだった、隠れた、ほとんど人目につかない神となられたのでした。

これほどまでに宣伝を重んじる時代にあっては、それは理解し難い謎です。多くの人に知られたり、話題にされたりすればするほど、そのことが重要であるに違いないと思いがちなのですから。しかし、悪い評判が大金を意味することが多く、大金がまた権力を意味することもよくあって、権力が重要だという幻想が、たやすく作り出される現実を考えれば、それも分かります。現代社会では、統計で何が重要かを決めることが多いのです。ベストセラーのＬＰや、最も人気のある本、いちばんの金持ち、最高層ビル、もっとも値段の高い車というように。

わたしが何度も衝撃を受けたのは、売名志向の今の世の中にあって、神についての議論の多くが、神でさえ自身を正当化しなければならないというところを、出発点にしていることです。よくこう言う人がいます。「あなたの信じる神がほんとうに存在するのなら、神は、今の混乱したこの世に、どうしてその全能の力をもっとはっきりと見せつけようとしないのか」と。いってみれば、神は、説明を要求されているのです。そして、神がほんとうに存在することを、きちんと証明するように、あざけりを込めて呼びかけられているのです。また、こんな言葉もよく耳にします。「神なんてぜんぜんお呼びでないね。自分の面倒は自分でちゃんと見られるから。現にこれまで、自分の問題を解決するのに、神様に手伝ってもらったことなんかないよ!」。こんな言葉にはっきり見られる辛辣さや皮肉は、とうぜん予想されるものです。つまり、神も、少なくとも自分の評判ぐらいは気にしたほうがいいというのです。わたしたち同様に神も、大いに認めてもらいたがっておられるかのように話す人がよくあります。

さて、イエスに注目しましょう。イエスは、わたしたちに神を明らかにするために来られましたが、どんなかたちにしろ、売名行為こそ、まさにイエスが避けようとされたものだと分かるでしょう。神は密かにご自身を現されるのだと、イエスはいつも説いておられます。このことはとても逆説的に聞こえます。しかし、その逆説を受け入れ、さらにあえて言うならば、それを実践していくところから、霊的な生活への第一歩が踏み出されるのです。

祈り

主よ、わたしは、この世にあってあなたを証しするすべての人のために祈ります。
聖職者、司祭、主教のために、
あなたに命をささげた兄弟姉妹のために、
そしてこの暗黒の時代に、
福音の光をもたらそうとしているすべての人々のために。
その人たちに勇気と、力と、忍耐と、希望をお与えください。
心を尽くし、思いを尽くして、
あなたの存在を知ることができるようにしてください。
そしてあらゆる危険からの避け所として、
あなたのみ名を体験させてください。
何よりも、あなたの聖霊の喜びをお与えください。
どこへ行っても、誰に会っても、

落ち込みや、宿命論や、敗北主義のベールを取り除けますように。
そして、たえず死の恐怖にさらされて生きている多くの人々に、
新しい命をもたらせますように。
主よ、福音をもたらすすべての人々と共にいてくださいますように。
アーメン

受難節第三週火曜日

◇◇◇

――Tuesday of the Third Week in Lent

そこで、主君はその家来を呼びつけて言った。「不届きな家来だ。お前が頼んだから、借金を全部帳消しにしてやったのだ。わたしがお前を憐れんでやったように、お前も自分の仲間を憐れんでやるべきではなかったか」。そして、主君は怒って、借金をすっかり返済するまでと、家来を牢役人に引き渡した。あなたがたの一人一人が、心から兄弟を赦さないなら、わたしの天の父もあなたがたに同じようになさるであろう。

――マタイ一八・三二―三五

神の憐れみとは、抽象的で不確かなものではなく、神がわたしたちに手を差し伸べてくださるときの、具体的で特別な表現です。イエス・キリストに、わたしたちはあふれんばかりの神の憐れみを見ます。失意のどん底からわたしたちは叫び求めます。触れてくださるみ手を、抱きしめてくださるみ腕を、口づけしてくださる唇を、今この場で語りかけられるみ言葉を、そして、恐怖やおののきにもたじろぐことのない心を。わたしたちは、ほかの誰ひとりとして感じていない、今でもこれからも感じることがない自分だけの痛みをおぼえています。それでも、あえて近づいてくださる方をいつも待っているわたしたちのところに、ひとりの人が来て心の底から言ってくださいました。「わたしが共にいる」と。わたしたちと共にいます神、イエス・キリストが、人間の身分になる必要もないのに、愛から出た自由意志で、わたしたちのところへ来てくださったのです。

忠実な僕であり、ご自身が神であることに固執しないで、己を虚しくし、わたしたちと同じ姿になられたイエス・キリストのなかに、神は、あふれんばかりの憐れみを表されました。イエスこそインマヌエル、共にいます神です。わたしたちが聞いた大いなる呼びかけは、憐れみ深い生き方をしなさい、というものです。

わたしたちがこの地上に生きている限り、キリスト者としてのわたしたちの生活には、憐れみの心が表れていなくてはなりません。しかし、憐れみ深い生活は、わたしたちの最終ゴールではないことを〔理解〕しなくてはならないのです。実際、それがさらに高いところを目指していると分かったときに初めて、憐れみ深い生活をすることができるのです。ご自身を虚しくし、へりくだった方が高く上げられ、他のすべての名に優る名を与えられたことが分かるのです。また、その方は、わたしたちのところを去って、苦しみに打ち勝ち、憐れみが必要ない場所をわたしたちのために用意してくださるということも分かります。わたしたちが忍耐強く待ち望んでいる新しい天と新しい地があるのです。これがヨハネの黙示録に描かれている幻です。

わたしはまた、新しい天と新しい地を見た。最初の天と最初の地は去って行き、もはや海もなくなった。更にわたしは、聖なる都、新しいエルサレムが、夫のために着飾った花嫁のように用意を整えて、神のもとを離れ、天から下って来るのを見た。そのとき、わたしは玉座から語りかける大きな声を聞いた。「見よ、神の幕屋が人の間にあって、神が人と共に住み、人は神の民となる。神は自ら人と共にいて、その神となり、彼らの目の涙をことごとくぬぐい取ってくださる。もはや死はなく、もはや悲しみも嘆きも労苦もない。最初のものは過ぎ去ったからである。」

——ヨハネ黙示録二一・一－四

これこそわたしたちを導く幻です。この幻によってわたしたちは、互いの重荷を負い、共に十字架を背負って、よりよい世界のために団結できるようになります。この幻のおかげで、死の絶望も、苦しみの辛さもなくなり、新たな地平線が開けます。この幻はまた、複雑な人生の只中にあって、それを初めて実現するエネルギーを、わたしたちに与えてくれます。これこそまさに未来の世界の幻です。しかし、それは単なるユートピアではありません。未来はすでに始まっているのです。見知らぬ人が温かく迎えられ、裸の人に衣服が与えられ、病人や囚人が見舞われ、抑圧が克服されるたびに、未来は明らかにされます。このような恵み深い行為を通して、新しい天と新しい地を、初めて垣間見ることができるのです。

祈り

わが主よ、わたしの目が、あなたに注がれたままでいられますように。
あなたは、神の愛が人となられた方です。
あなたは、神の限りない憐れみを、現しておられます。
あなたは、父の神聖さを、目に見えるように現したお方です。
あなたは、美であり、善であり、やさしさであり、
赦しであり、恵みです。

あなたに、わたしのすべてを差し出したいのです。
惜しんだり、ためらったりしないで、
喜んでささげられるようにしてください。

受難節第三週水曜日

◇◇ —— Wednesday of the Third Week in Lent

ただひたすら注意してあなた自身に十分気をつけ、目で見たことを忘れず、
生涯心から離すことなく、子や孫たちにも語り伝えなさい。

——申命記四・九

わたしたちを育み、支えてくださるキリストとの関係に入るのは、まさに記憶を通してです。別れの説教でイエスは弟子たちに言われました。「わたしが去って行くのは、あなたがたのためになる。わたしが去って行かなければ、弁護者はあなたがたのところに来ないからである。……しかし、その方、すなわち、真理の霊が来ると、あなたがたを導いて真理をことごとく悟らせる」（ヨハネ一六・七、一三）。この個所で、いちばん身近な人々に、記憶の中でだけ、イエスとのほんとうに親しい交わりが可能であり、記憶の中でだけ、その人々が証人と

して見聞きしたことの意味を完全に体験するのだということを、イエスは明らかにされるのです。

人々はイエスの言葉に耳を傾け、タボル山でのイエスを見、イエスがご自身の死と復活について語られるのを聞きました。しかし、その人たちの耳や目は閉ざされたままで理解することができませんでした。聖霊、すなわちイエスの霊は、まだ来ていなかったからです。そして人々は、イエスを見たり、聞いたり、匂いをかいだり、触れたりしましたが、イエスとは隔てられたままでした。イエスが去られたずっと後になって初めて、イエスの真の霊がその人たちに現れたのです。イエスがおられなくなって、新たな、より身近なイエス、苦しい試練の最中で育み支えてくださるイエス、もう一度会いたいという願いを起こさせるイエスが、いてくださるようになりました。神の啓示の大いなる不思議は、キリストが来られたということばかりでなく去られたということによって、神がわたしたちに身近なものになったのです。わたしたちとキリストとの親しい交わりが、キリストはわたしたちの中に住んでおられると言ったり、キリストをわたしたちの食べ物、飲み物と呼んだり、わたしたちの存在の中心として体験したりできるほど深いのは、まさにキリストが目の前におられないからなのです。

これが、決して理論上の観念などでないということは、ナチスの牢獄で死を待つ間に、キリストがおられない所でその存在を体験したディトリッヒ・ボンヘッファーや、アルフレッド・デルプのような人々の生涯の中で明らかになっています。ボンヘッファーは書いています。「わたしたちと共におられる神は、わたしたちを見捨てられる神である（マルコ一五・三〇）……。神の前で、神と共に、神なしで生きるのである」。このように、イエス・キリストを憶えるとは、かつてイエスが十字架にかかられたのを思い出すことをはるかに超えるものです。キリストを憶えるとは、命を与えられること、わたしたちが今ここで支えられ育まれているということ、したがって、日々の生活に数多くある危機の只中で、しっかりと根を張っているという実感を与えられることなのです。

イエスの場合には、言葉と行動、言われたこととなさったことの間に、不一致はありませんでした。イエスの言葉はイエスの行動であり、イエスの言葉は現実となったのです。イエスの言葉は、変化や、癒しや、新しい命のことを告げ知らせたばかりでなく、それを実現しました。この意味で、イエスはほんとうに肉となった神の言葉なのです。その神の言葉の内にすべてが創り出され、その神の言葉によってすべてが再び創造されるのです。

聖徒にふさわしい生き方とは、言葉と行動の間に不一致がないように生きることです。人生において、わたしが話す言葉を真に生きようとするならば、わたしが口にした言葉は行動となり、口を開くたびに奇跡が起きるでしょう。

祈り
あなたに感謝をささげます。
神よ、あなたに感謝をささげます。
御名はわたしたちの近くにいまし
人々は驚くべき御業を物語ります。

わたしはとこしえにこのことを語り継ぎ
ヤコブの神にほめ歌をささげます。

——詩編七五・二、一〇

受難節第三週木曜日

❖ —— Thursday of the Third Week in Lent

わたしに味方しない者はわたしに敵対し、
わたしと一緒に集めない者は散らしている。

——ルカ一一・二三

霊的な生活は賜物です。それは聖霊からの贈り物です。聖霊はわたしたちを高めて、神の愛の王国へ入れてくれます。しかし、高められて愛の王国に入れられることが、神からの賜物だからといって、その賜物が与えられるまで、受身の姿勢でじっと待っていてよいという意味ではありません。イエスはわたしたちに、その王国に心を向けるように言われます。心を向けるとは、真剣に望み求めるばかりでなく、強い決意が求められます。霊的な生活には人間の側からの努力が必要なのです。わたしたちを思いわずらいに満ちた生活に引き戻そうとするもろもろの力に打ち克つことは、決してたやすいことではありません。
イエスははっきり言われます。「……神の国に入るのはなんと難しいことか!」(マルコ一〇・二三)。そして、わたしたちに一生懸命努めることが必要だと悟らせるため、こう言われます。「わたしについて来たい者は、自分を捨て、自分の十字架を背負って、わたしに従いなさい」(マタイ一六・二四)。

ここでは、霊的生活における訓練の問題に触れます。訓練のない霊的生活はあり得ません。訓練は弟子であることのもう一つの条件です。霊的な訓練をすれば、わたしたちは、神の小さい静かな声により敏感になります。預言者エリヤは、強い風の中でも、地震の中でも、火の中でも神に会えませんでした。神は小さな声でした(列王記上一九・九―一三参照)。霊的な訓練を通して、わたしたちはあの小さな声に注意深くなり、それが聞こえたときに、進んで応えようとするようになります。

思いわずらいで手いっぱいの生活について考えてみて明らかなのは、わたしたちが内も外もあまりに多くの騒音に囲まれているので、神が語りかけられても、しっかり聞きとるのが困難になっていることです。わたしたちは耳が聞こえなくなっていることが多く、神がいつ呼ばれるか、どこから呼びかけておられるのかも分からなくなります。こうしてわたしたちの生活は、愚かしいものとなります。愚かしい（absurd）という語のなかには、ラテン語のsurdusという言葉が入っています。これは、「耳が聞こえない」という意味です。霊的な生活に訓練が必要なのは、神の言葉にじっと耳を澄ますことを身につけねばならないからです。神は常に語りかけておられますが、わたしたちにはそれがめったに聞こえません。しかし、耳を傾けられるようになれば、わたしたちの生活は神に従順なものになります。従順な（obedient）という語は、ラテン語のaudireという言葉からきています。audireは、「耳を傾ける」という意味です。愚かしい生活から従順な生活へ、騒がしく思いわずらいに満ちた生活から、神の声を聴き、神の導きに従う心にゆとりのある自由な生活へと徐々に移っていくためには、霊的な訓練が必要なのです。イエスは神に従う生涯を送られました。イエスはいつも父なる神に耳を傾け、いつもその声によく注意して、父からの指示を待っておられました。イエスは「全身を耳にして」おられたのです。それこそ真の祈りです。全身を耳にして神に向かうのです。じつに祈りの核心は、従順に神のみ前に立って聴くことにあるのです。

したがって、霊的な訓練とは、わたしたちの生活の中に、内面的にも外面的にも、ゆとりを生み出すために、ひたすら努力することです。そのゆとりの中でこそ、このような従順な生活ができるのです。霊的な訓練がなければ、この世のことで生活がいっぱいになり、神の言葉を聴くゆとりがなくなってしまいます。霊的な訓練をすると、わたしたちは自由に祈れるようになるというよりむしろ、神の霊がわたしたちの中で祈ってくださるようになるのです。

祈り
全能の神よ、
あなたの恵み深い呼びかけを心に留められるように、
わたしたちの贖いの祝宴がだんだんと近づいている今、
いっそう熱心に、イースターの奥義を祝う用意ができるようにしてください。

受難節第三週金曜日

Friday of the Third Week in Lent

心を尽くし、精神を尽くし、思いを尽くし、力を尽くして、
あなたの神である主を愛しなさい。

――マルコ一二・三〇

霊的な生活をするとは、神と共に生きることです。このごく単純な真理を、一七世紀に生きたフランスのカルメル会、復活の兄弟ロレール・ロランの力強い言葉で、わたしは納得したのです。『神の臨在の実践』という本には、兄弟ロランの四つの談話と一五通の書簡が載せられています。

修道士はこう書いています。「神と共にいるためには、必ずしも常に教会にいる必要はない。わたしたちは、自分の心の中に礼拝堂を造り、折にふれてそこに引きこもり、従順に、謙虚

に、愛をこめて神と対話すればよい。誰でも多かれ少なかれ、このように神と親しく対話する力を持っている。神はわたしたちに何ができるかご存じだ。だから、始めようではないか。おそらく、神はわたしたちの側からの、たった一つ、すべてをささげる決心を待っておられるであろう。勇気を出しなさい」。

「わたしは、〈神の臨在〉を正しく実践するためには、他のあらゆることを捨てて心を空にしなくてはならないことを知っている。神だけが心を満たしてくださるからだ。他のあらゆることを捨てなければ、神は、その心を満たすことができないし、また、神のために心を空にしておかなければ、そこで神が働かれることも、み心のままになさることもできないのだ」。

兄弟ロランのメッセージは、実に単純ですが、非常に深いものです。神の近くにいた修道士にとって、すべては一つです。神だけが大事なのです。神の中に、すべての人やあらゆるものが愛で包まれています。しかし、神と共に生きるとは、清い心で一筋に神の意志をすべて受け入れて生きることです。それには、まさに選択と決断と勇気が必要です。それこそ真の聖徒のしるしです。

祈り

愛する主よ、あなたはかつて言われました。

「わたしをお遣わしになった方のみ旨は、
主から与えられたものを、
無駄にしてはならないということです」。
今日、このみ言葉は慰めの源となります。
このみ言葉は、わたしを主の愛の内にとどめて置くために、
できるだけのことをしてくださっていることを示しています。
このみ言葉は、まさにあなたが、わたしを救い、
罪と悪の縄目から解き放って父の家に導くために、
この世に来られたことを示しています。
このみ言葉は、わたしをあなたから引き離そうとする強い力に対して、
喜んで闘ってくださることを表しています。
主よ、あなたはわたしをそばに置き、わたしを捉え、
わたしのために闘い、守り、助け、支え、わたしを慰め、
わたしを父なる神にささげたいと思っておられます。
それはまさに、わたしを失わないようにという聖なるみ業です。
しかもわたしは自由なのです。

わたしはあなたから離れることもできます。
そしてあなたは、決してこの自由を奪おうとはなさいません。
ああ、なんという愛の奇跡、
なんという神の恵みの神秘でしょう！
主よ、どうか、わたしが自由に、
あなたの愛を選びとれますように。
あなたを見失うことがありませんように。
アーメン

受難節第三週土曜日

Saturday of the Third Week in Lent

さあ、我々は主のもとに帰ろう。
主は我々を引き裂かれたが、いやし
我々を打たれたが、傷を包んでくださる。

――ホセア書六・一

霊的な生活をするには心の変革、つまり回心が必要です。そのような回心は、とつぜん内面が変化するといったはっきりしたしるしがあるかもしれませんし、長いことかかって穏やかな経過を辿りつつ起こることもあり得ます。どちらにしても、神との一体感という内的経験を伴うものです。わたしたちが中心にいて、そこから存在するものすべて、そして起こることすべてが、わたしたちに関わる神の命の奥義として理解できると、悟るのです。わたしたちの様々な葛藤や苦痛、課せられた仕事や約束、家族や友人たち、いろいろな活動や計画、希望や目標などは、もはや背負いきれない大変なもろもろの雑事ではなくなり、むしろ、わたしたちの中にある聖霊の新しい命の肯定であり、そして神の啓示であると思えるようになるのです。心を占め、いっぱいにしていた「もろもろのこの世のこと」は、今やわたしたちがすでに見つけた新しい生き方を強め深める、神からの贈り物、あるいはチャレンジになるのです。こういう生き方をすれば暮らしが楽になったり、苦闘や苦痛が取り去られるということではありません。イエスの弟子たちの生涯が明らかに示しているように、回心したからといって苦痛が少なくなるということではありません。もっと厳しい状況になることさえあるのです。それでも苦労が多いとか少ないとかいったことに、もはやわたしたちの心は向いていません。大切なのは聖霊に注意深く耳を傾けることであり、楽しいところであろうと、苦痛に満ちたところであろうと、導かれるままに素直につき従うことなのです。

貧困、苦痛、苦闘、心身の苦悩、そして内面の闇さえも、わたしたちが味わうものの一部としてなお続くかもしれません。それらはわたしたちを清めてくださる神の計らいなのかもしれません。しかし、生きることはもはやうんざりしたり、いらいらいしたり、憂鬱になったり、寂しくなったりすることではありません。なぜなら、すべての出来事が、神のおられる所にいたる道なのだと分かるようになったからです。

祈り

主よ、今年の受難節の聖なる季節が足早に過ぎていきます。
怖れと大いなる期待を抱いてレントに入りました。
大きな飛躍を望んでおりました。
力強い回心、まことの心の変化を望んだのでした。
わたしの魂に少しの闇も残らぬように、
復活祭が光に満ち満ちた日になりますように願ったのです。
あなたが民の所へ稲妻と雷鳴と共に来られると思っては、
おりませんが。
聖パウロや聖フランシスでさえ、
あなたの光を見るまでは、長い闇の中を旅したのでした。
あなたのやさしい配慮に感謝します。
あなたが生きて働いておられることが分かります。
わたしをお見捨てにならないことを知っております。
復活祭に向かってわたしを速めておられるのです――。

わたし自身の今まで、
辿ってきた道と気質にぴったりの方法で。

この過ぎ去った三週間、
あなたの受難の奥義にさらに深くに入るよう招いてくださいました。
この期間がわたしのために備えてくださった道に従い、
あなたがお与えになる十字架を受け入れたい、
という望みをいっそう強めてくれますように。
わたし自身の道を選び、自分の十字架を正しく選んで死ぬことがかないますように。
あなたはわたしを英雄になさりたいのではなく、
あなたを愛するひとりの僕《しもべ》に、
なさりたいのです。

明日も、それからの日々も、わたしと共にいてください。
そしてあなたのやさしいご臨在を体験させてください。

「……主よ、あなたは何もかもご存じです。わたしがあなたを愛していることをあなたはよく知っておられます」。イエスは言われた。「わたしの羊を飼いなさい」。

――ヨハネ二一・一七

受難節第四週日曜日

◇ ── Fourth Sunday in Lent

（神は）人間が見るようには見ない。
人は目に映ることを見るが、主は心によって見る。

──サムエル記上一六・七

世俗性とは、まわりの人々の反応に左右される生き方です。世俗的な自己、すなわち、偽りの自己とは、トマス・マートンが言っているように、社会から無理矢理に押しつけられ、作り上げられた自己のことです。「押しつけ」というのが偽りの自己に対する一番ぴったりしている表現です。その言葉は、際限なくどんどん迎合しなければならなくなることを示しています。わたしとは何者か。わたしとは、好かれ、褒めそやされ、感心され、嫌われ、憎まれ、軽べつされる人間……。押しつけるのは、心の内にある失敗を恐れる気持ちであり、もっと多くの仕事、もっと多くの金銭、もっと多くの友人たちを集めることで、失敗を恐れる気持ちが起らないようにする衝動です。

このような押しつけそのものが、霊的生活の主な二つの敵の基となっています。それは怒りと貪欲です。この二つが世俗的な生活の内面であって、この世に属する苦々しい産物です。

聖アントニウスと仲間の修道僧たちが、自分たちの社会の基盤や価値を受動的に受け入れることは、霊的な破滅だと考えたとしても、さほど不思議ではありません。一人ひとりのキリスト者だけでなく、教会全体にとっても、世間の魅惑的な押しつけから逃れるのは何と難しいことかを、彼等は認識するようになっていました。それにこの修道僧たちはどう対応したのでしょうか。彼等は沈みゆく船から脱出し、必死に泳いだのでした。そして、その救いの場所とは荒野といわれる孤独な場所でした。

孤独こそ自己変革の溶鉱炉なのです。孤独にならないと、わたしたちは社会の犠牲者のままであって、偽りの自己の幻想の中に巻き込まれ続けるのです。イエスご自身この溶鉱炉に入られました。まさにその場所でイエスは、この世的なあの三つの逆らいがたい誘惑を受けたのでした。一つは答を迫られた問題であり（「石をパンに変えること」）、二つ目はあっといわせるようなことをせよと（「神殿の屋根から飛び降りること」）、そして権力を持てと（「お前にこれらすべての王国を与えよう」)。まさに、そこで、イエスはご自身が何者であるか、唯一のよりどころが神であると断言されたのでした(「あなたの神である主を拝み、ただ主に仕えよ」)。孤独とは激しい心の闘いの場であり、大いなる出会いの場なのです。つまり、偽りの自己の押しつけに対する闘いであり、ご自身を新しい本物の自己として与えてくださる愛の神との出会いなのです。

心は、人間であるわたしたちの中心にあります。そこにこそ、わたしたちのもっとも深い思考、直観力、感情そして決断の源があるのです。しかし、みずからをもっとも疎外しがちなのもまた、その心なのです。わたしたちは自分の心をほとんど理解しません。心を恐れるかのように、わたしたちはそこに近づかないようにしています。もっとも親しいものがまた、わたしたちを何よりも脅かすものでもあるのです。もっとも自分らしいところで、自分自身にとって不可解な存在になってしまいます。そこが、人間であることの痛ましいところです。自分の隠れた中心部は知り得ないものです。ですから、自分が本当はどういう人間なのか知らないまま生き、そのまま死ぬことが多いのです。どうしてそのように考えたり、感じたり、行動したりするのか自問しても、しばしば返答に困り、わが家にいながらよそ者であることになってしまうのです。霊的生活の不思議は、次のようなことです。イエスは他から離れた心の中でわたしたちに会い、そこでご自分の愛を理解させ、恐れから解放し、心の内奥にある自己を分からせたいと願っておられるのです。ですから、心の中でひそかにイエスを知るだけでなく、イエスを通して自分自身をも知ることができるのです。

祈り

全能なる神よ、
あなたの永遠の御言葉は一人ひとりの、
人間の眼を開いてくださるまことの光です。
わたしたちの心の闇を癒してください。
何が正しいかを見分け、あなたを心から、
愛するようになるために。

受難節第四週月曜日 ◇◇ ―― Monday of the Fourth Week in Lent

イエスは、再びガリラヤのカナに行かれた。そこは、前にイエスが水をぶどう酒に変えられた所である。

さて、カファルナウムに王の役人がいて、その息子が病気であった。この人は、イエスがユダヤからガリラヤに来られたと聞き、イエスのもとに行き、カファルナウムまで下って来て息子をいやしてくださるように頼んだ。息子が死にかかっていたからである。イエスは役人に、「あなたがたは、しるしや不思議な業を見なければ、決して信じない」と言われた。役人は、「主よ、子どもが死なないうちに、おいでください」と言った。イエスは言われた。「帰りなさい。あなたの息子は生きる。」その人は、イエスの言われた言葉を信じて帰って行った。

――ヨハネ四・四六―五〇

イエスがこの世に下りてこられたのは、まことに痛ましいことです。しかしそれは、わたしたちが願うことはすべて必ずかなえられると、確信させてくださる神のもっとも根本的なご計画なのです。神が求められるのは、その愛を信じよ、ということです。「信仰」という言葉は、人が理解できないものを受け入れることだと考えられがちです。人々はしばしば、次のように言います。

「こういうことは説明はできないが、あなた方はただ信じればよい」と。しかしながら、イエスは信仰について「何よりもまずあなた方が愛されていることを無条件に信じなさい。そうすれば、愛されようとするあらゆる誤ったやり方を捨てることができる」と語られます。だからこそ、この世に下ってこられる神の愛を信じることを通して、わたしたちは思いわずらいや暴力から解放され、永遠の命を得る、とイエスがニコデモに語っておられるのです。

神の愛の奥義は、神がわたしたちの苦痛を取り除いてくださるのではなく、まず、その苦しみをわたしたちと分かち合いたいと思っておられることなのです。この神との分かち合いから新しい命が生まれてくるのです。イエスが人間の苦しみをごらんになって、ご自身の心の奥底までゆり動かされ、新しい命に向かって進むことになるのです。神はわたしたちの神であり、生きているものの神です。神の聖なる胎内で、命は常に生まれ変わります。まことの良い知らせとは、神は遠くにおられる神、恐れられ、避けられる復讐の神ではなく、わたしたちの苦しみに心を動かされ、人間の苦闘のすべてに関わってくださる方だということです。

祈り

主は恵み深く正しくいまし
罪人に道を示してくださいます。
裁きをして貧しい人を導き
主の道を貧しい人に教えてくださいます。
主よ、わたしの魂はあなたを仰ぎ望み
わたしの神よ、あなたに依り頼みます。

——詩編二五・八、九、一、二

受難節第四週火曜日

Tuesday of the Fourth Week in Lent

イエスは、神殿の境内でこの人に出会って言われた。
「あなたは良くなったのだ。もう、罪を犯してはいけない」。

――ヨハネ五・一四

祈りが癒すのです。祈りが聞きとどけられるだけではありません。神と競い合うことをやめ、何も隠さずに、心のすべてを神にささげるとき、神が愛していてくださることを知り、神のみ手の中にあるのは、何と安心なことか分かるようになります。神はわたしたちを退けられたのではなく、神のみ心の近くにおいてくださるのだと知れば、生きる喜びをもう一度見出すことができるのです。たとえ、神がわたしたちの人生を、願っているのとは異なる方向へ導かれるとしても。

どういうことだったのかほとんど思い出せないのですが、わたしがパン屋で働いていたとき、ちょっとした難くせをつけられたり、時たまいらいらさせられたりして、わたしは深い憂鬱な気分にまっさかさまに突き落されたのです。敵意のある感情があれこれとわき起り、長いこと不愉快な関係が続いて、自分や、過去、仕事、それから思い出す限りの人々が、ますますいやになりました。しかし、幸いなことに、わたしは自分が崩れていくのに気がついて、なんと些細なことで心の平安を失い、自分のまわりの世界を冷静に見られなくなるのだろうか、と全く驚いたのです。ああ、わたしは何と傷つきやすいことか。

祈りに熱心な人で溢れているこの店の環境では、思ったように振舞い、腹を立てたり、かっとなったりできません。腰を下ろすとすぐに、石ころや生ごみが四方八方から落ちてきて、わたしの心の平和な小さい空間を埋め尽くすのが分かります。

そのような気分で祈ることは難しいことです。しかし、それでもなお、仕事直後、午前九時の短い祈りのとき、汚れた仕事着を着たまま外に立って、わたしたちは読み上げるのです。「あなた方の中で誰か困っている人はいますか。その人は、祈りに救いを求めなければなりません」。確かに、祈りは心を清め、新しいゆとりをつくり出すただ一つの現実的な方法です。心のゆとりがどんなに大切なものか、わたしは気がついています。心にゆとりがあれば、他人の悩みを落ちこまずに受け入れることができるように思います。自分の心に穏やかなところがあるのを感じとれると、多くの人々のために祈れます。そしてその人たちととても親しくなれるような気がします。刑務所や北アフリカの砂漠で苦しんでいる何千人という人々のために、祈る余地さえあるように思われます。時には、インドネシアを旅行中の両親やロサンゼルスにいる友人たち、チリの監獄やブルックリンの教区にまで、心が広がるように感じることもあります。

今、わたしには分かります。祈るのはわたしではなく、神の聖霊がわたしの中で祈っておられるのだと。まさに、神の栄光がわたしの中に宿るとき、離れすぎている、痛ましすぎる、なじみがない、身近すぎるなどという理由で神の栄光に浴することができない、ということはありません。同時に、新しくされないものなど、何一つないのです。わたしの中に神の栄光を感じとり、その栄光自体がわたしに現される場が与えられるときはいつも、およそ人間たるものすべてそこに導かれ、元のままということはあり得ないのです。時折、わたしはまさしく、そのことを知るのです。もちろん、神はわたしの祈りを聴いておられます。神ご自身がわたしの中で祈っておられ、愛をもって今、ここで全世界に触れておられるのです。

祈り

ああ、主なるイエス・キリストよ、
罪を赦して中風の人が再び歩けるようになさったお方。
［このレントの期間］がわたしの生活の中で、赦しの神としての、
あなたの存在にもっと気づかせてくださいますように。
そして世間の目から見てよい行いをすることに、
あまり心をわずらわせることがありませんように。
あなたが住み、わたしを癒してくださるわたしの心の奥深い清らかなところで、
あなたを知ることができますように。
わたしの存在の中心におられ、そこからわたしを教え、
導きたいと思っておられるあなたを実感させてください。
わたしを愛してくださる兄弟として、
わたしに対して何一つ――。
わたしの最悪の罪ですら――お責めにならず、
優しい抱擁をもって接したいと思ってくださるお方として、
あなたを知ることができますように。

あなたがわたしの主となられるのを妨げるような、
多くの恐れや不信、疑いを取り去ってください。
そしてあなたのはかり知れない深い慈愛を信じ、裸で、弱い人間のままで、
あなたがおられる光の中に立つ勇気と自由をお与えください。
わたしの抵抗がどんなに大きなものか、
光ではなく、闇を選ぶのに何と素早いことか分かっております。
それでもなお、あなたがたえず光の中へ、
わたしを呼び寄せてくださっていることが分かっております。
その光の中に自分の罪も見えますが、あなたの慈愛深い御顔が見えるのです。

どうか、わたしの生きる日々、常にわたしと共にいてください。
あなたをほめたたえます、今も、後のちまでも。
アーメン

受難節第四週水曜日 ❖ ―― Wednesday of the Fourth Week in Lent

はっきり言っておく。
子は、父のなさることを見なければ、自分からは何事もできない。
父がなさることはなんでも、子もそのとおりにする。

――ヨハネ五・一九

「イエスの」従順とは愛してくださる父なる神のみ言葉のすべてに、恐れず聴き従うことです。父なる神と御子の間には、ただ愛があるだけです。父なる神のものはすべて御子に任せられており（ルカ一〇・二二）、御子は受けられたものをすべて、父なる神にお返しになります。父なる神は、ご自身を完全に御子に開かれ、すべてを御子の手に渡されます。すべての知識（ヨハネ一二・五〇）、すべての栄光（ヨハネ八・五四）、そしてすべての力（ヨハネ五・一九―二一）

を。御子はご自身を完全に父なる神に開かれ、こうしてすべてを父なる神のみ手にお返しになるのです。「わたしは父のもとから出て、世に来たが、今、世を去って、父のもとに行く」（ヨハネ一六・二八）。

父なる神と御子の間の尽きることのない愛には、わたしたちが知っているあらゆる愛のかたちが含まれ、しかもそれを超越しています。父母の愛、兄弟の愛、夫婦の愛、師弟の愛も含みます。それはまた、わたしたちが知っている多くの限られた人間的な愛の経験を遥かに超えたものです。思いやる愛ですが、相手に強く求める愛でもあります。支える愛ですが、厳しい愛でもあります。やさしい愛ですが強い愛です。命を与える愛ですが、死を受け入れる愛でもあります。この神の愛のためにイエスはこの世に送られ、この愛のために十字架上にみずからをささげられたのでした。すべてを包みこむこの愛は、神聖な人格であって、父なる神と御子との関係を示しており、父と子と同格です。それには名前があります。聖霊と呼ばれるものです。父なる神は御子を愛し、御子にご自身を注ぎ尽くされます。御子は父なる神に愛され、ご自身のすべてを父なる神に返されるのです。聖霊は愛そのものであり、永遠に父と子を包みこんでいます。

この永遠に一つとなった愛がイエスの霊的生活の中心であり、源であって、愛の聖霊の働きによって、父なる神に絶えず心を向けているのです。イエスの宣教が広がっていくのは、このような生き方によるのです。イエスの食事と断食、祈りと行動、旅と休息、説教と教え、悪霊の追放と癒しは、すべてこの愛の聖霊によってなされたのでした。これら多くのことが一つのこと、すなわち、完全な愛の深い交わりの中で、父なる神に耳を傾けることに根ざしているかを理解しない限り、イエスの変化に富んだ宣教の意味を十分には理解できないでしょう。これを理解すれば、イエスの宣教の最終目的が、この親密なつながりにわたしたちを導くことに他ならないと分かるでしょう。

今日、礼拝の中で福音書を読むと、イエスが、父なる神との関係においてすべてをなさることを明らかにしておられます。

イエスのみ言葉は、わたしにとって特別な意味を持っています。わたしはイエスと、父なる神との関係を御子イエスを通してたえず保ちつつ生きねばなりません。これが霊的な生活の最も大切なところです。これによってわたしの生活がこの世の雑事にとらわれず、あくせくしないで済むのです。この関係のおかげで毎日退屈したり、疲れたり、すっかりやる気をなくしたり、落ちこんだり、欲求不満になったりしないで済むのです。愛をもって一切をささげ、また受け入れてくださる神の命にあずかっていることを、わたしのすべての行いで、はっきり表すことができれば、他のすべてが祝福され、ちぐはぐさも免れるでしょう。だからといって何もかもが容易になり、しっくりゆくということではありません。なお多くの苦しみがありますが、それが神ご自身の苦しみに結びつくならば、わたし自身の苦しみさえ命につながることになります。

祈り
あなたに向かってわたしは祈ります。
主よ、御旨にかなうときに
神よ、豊かな慈しみのゆえに
わたしに答えて確かな救いをお与えください。

恵みと慈しみの主よ、わたしに答えてください
憐れみ深い主よ、御顔をわたしに向けてください。
あなたの僕に御顔を隠すことなく……。

——詩編六九・一四、一七、一八

受難節第四週木曜日 ◇ ——Thursday of the Fourth Week in Lent

互いに相手からの誉れは受けるのに、唯一の神からの誉れは求めようとしないあなたたちには、どうして信じることができようか。

——ヨハネ五・四四

ヨハネによる福音書の中では、「誉れ」ということの言葉がまさに中心的な主題となっていることに、しだいに気がつくようになってきます。神からの誉れ、生命にいたる正しい誉れがあります。そして人間の誉れ、死に到る虚しい誉れがあります。ヨハネによる福音書は、始めから終わりまで、わたしたちが神からくる誉れよりも、いかに虚しい栄誉を選びたくなる誘惑に駆られるかを示しています。

人間の栄誉は、常に何らかの形で競争に結びついています。それは他の人に比べて優れている、速い、美しい、権力がある、成功している、などと思われる結果なのです。人間から与えられる栄誉とは、他の人と比べて優れていることからくる栄誉なのです。人生のスコアボードの得点が高ければ高いほど、それだけ一層大きな栄誉を受けることになるのです。この栄誉は上昇志向から生じるものです。成功という階段を高く上れば上るほど、それだけ一層多くの栄誉を得ることになるのです。ところが、この同じ栄誉がわたしたちの闇を作ることにもなります。競争に基づいた人間の栄誉が、対抗意識へと導きます。対抗意識の中には暴力の芽が潜んでおり、暴力は死に到る道なのです。このように人間の栄誉とは虚しい栄誉であり、偽りの栄誉、滅びに到る栄誉であることが分かります。

それでは、わたしたちはどのようにすれば神からの誉れを見、受けるようになるのでしょうか。神はご自身が辱しめを受けることで、その誉れをわたしたちに明らかにされることを選ばれたと、ヨハネは福音書の中で示しています。それはよい知らせではありますが、同時に不安にさせられる知らせでもあります。計り知れない知恵を持たれた神は、ご自身の神性を競争ではなく、憐れみ、すなわち、わたしたちと共に苦しまれることを通して明らかにされました。神は下降志向の道を選ばれました。イエスは誉れを受け、与えることについて語られる度に、必ずご自身の辱しめと死に触れておられます。イエスが神に栄光をささげ、神からの栄光を受けられて、わたしたちにそれを理解させてくださるのは、十字架の道を通してなのです。復活の栄光は、十字架の栄光から決して切り離されるものではありません。復活された主は、常に傷口をわたしたちに示しておられます。

このように、神の栄光は人間の栄誉とは対極にあるのです。人間は上に向かって栄誉を探し求めます。神はご自身を低くすることで、その栄光を明らかにされるのです。もし、わたしたちが本当に神の栄光を見たいと願うなら、イエスと共にみずからを低くしなければなりません。貧しい人、抑圧されている人、障がいをもつ人と共に生きること、ここに計り知ることのできない理由があるのです。神の栄光がわたしたちにはっきり示されるのは、そういう人々を通してなのです。そういう人々が、神への道、救いに到る道をわたしたちに教えてくれるのです。

祈り

ざんげ、断食、祈りを何とおろそかにして、
この数週間を過ごしてきたことでしょう。
この霊的実りの季節をそれすら気づかずに過ごしてしまったのでした。
けれども、受難節を正しく守らずに、

イースターを心から祝うことなどどうしてできるでしょうか。
あなたの死を共に味わうこともせずに、
どうして充分にあなたの復活を喜ぶことができるでしょうか。

そうなのです。主よ、わたしは死ななければならないのです――。
あなたと共に、あなたを通して、そしてあなたの中で――。
そうすれば、あなたが復活なさってわたしに現れてくださるとき、
あなたであることがすぐ分かります。
わたしの中には、死に値することがありすぎます。
誤った執着、どん欲や怒り、性急さや吝嗇。
ああ、主よ、わたしは自己中心で自分のことばかり気にしています。
出世、将来のこと、誉れや名声を得られるのか。
今、はっきり分かります。わたしは、あなたと共に死に、
本当にあなたの道を歩み、その道に忠実であることが何と少なかったことかと。
ああ、主よ、どうぞこの受難節を今までとは異なるものにしてください。
もう一度、あなたを見出すことができますように。

アーメン

受難節第四週金曜日

◇◇ —— Friday of the Fourth Week in Lent

あなたたちはわたしのことを知っており、また、どこの出身かも知っている。
わたしは自分勝手に来たのではない。
わたしをお遣わしになった方は真実であるが、
あなたたちはその方を知らない。
わたしはその方を知っている。
わたしはその方のもとから来た者であり、
その方がわたしをお遣わしになったのである。

——ヨハネ七・二八、二九

イエス・キリストとの交わりとは、できるだけ多くの苦しみを引き受けることではなく、イエスと共に、恐れないで神の愛に耳を傾けることに身をささげることなのです。

苦しみを「神のみ心」という言葉で、しばしば「説明」したくなります。これは、怒りや不満を呼び起こすこともありますし、正しくもありません。「神のみ心」とは、不幸な状況に貼るラベルではありません。神は、痛みではなく喜びを、戦争ではなく平和を、苦しみではなく癒しをもたらそうとしておられます。ですから、何でも神のみ心だと決めつけないで、痛みや苦しみの最中にあっても、愛の神の存在をどこに見出すことができるか、進んで自分自身に問わなければなりません。

それでも、わたしたちが従順に神のみ心に耳を傾けて、苦しんでいる隣人に出会ったと気がつくと、愛の導きだと分かり、喜んでその人たちの所に行くことができるのです。わたしたちが、しっかり聞けないのは、神には愛以外にも何かあるのではないかと思っているからです。これは別に奇妙なことではありません。何故なら、嫉妬や恨みや復讐心、あるいは憎しみの気持ちなど全く持たないで、愛を経験することは、たとえあったとしても、非常にまれだからです。わたしたちは、愛に制限や条件がついているのを目にすることが多いのです。愛と見えるものに疑いを持ちやすく、あとでがっかりしないように、いつも用心しています。

こういうわけで、わたしたちはただじっと耳を傾けたり従ったりするのが苦手なのです。ただイエスだけが、父なる神の愛を知っておられたので、心から聞き従ったのです。「父を見た者はひとりもいない。神のもとから来た者だけが父を見たのである」（ヨハネ六・四六）。「あなたたちはその方を知らない。わたしはその方を知っている。わたしはその方のもとから来た……」（ヨハネ七・二八―二九）。

イエスはご自分がなさったように、わたしたちを神に従わせるために来られました。ご自身が受けたと同じ親しい交わりを持てるよう、わたしたちを父なる神のもとに導きたいと願われたのです。イエスを通して、わたしたちが神の娘や息子となって、愛に満ちた父に全信頼と服従をもって聞き従うよう呼びかけられていることに気づくと、わたしたちも、イエスご自身と同じように、憐れみ深くなる道に招かれていることが分かるでしょう。神に従うことが、わたしたちの第一で唯一の関心事になると、わたしたちもまた憐れみの思いをもってこの世と関わることができます。この世の苦しみが深く感じられるので、その憐れみを通して、他の人々に新しい命を与えることができるのです。

今日わたしたちが生きていてその苦しみをよく知っている世界は、キリストが今までになく身を隠しておられる世界のように思われます。現在の世界で、わたしたちがいつでも聖霊を受ける準備ができているとは、とうてい信じることができません。それでも、これが希望のメッセージそのものだと、わたしは思います。神はわたしたちから身を隠してしまわれたのではありません。神は、御子をわたしたちと同じ人間として共に生きるために送られました。そして、御子はわたしたちに聖霊を送り、その聖なる命と親しく交わるよう導いてくださいます。聖霊がすなわち愛の霊が、神を見えるようにしてくださるのは、人間の混沌とした苦しみの真っ只中でなのです。果たして、わたしたちは聖霊の存在に気がついているでしょうか。

祈り

慈愛に富まれる神よ、
あなたはわたしたちの弱さやみじめさをご存知です。
しかも、わたしたちが弱ければ弱いほど、
あなたの助けは大きくなります。
わたしたちが、喜びと感謝をもって、
この恵みの時の贈り物を、
受け入れることができますように。
そして、日々の暮らしの中で、
み業を証しすることができますように。

受難節第四週土曜日 ◇◇◇ —— Saturday of the Fourth Week in Lent

この言葉を聞いて、群衆の中には、「この人は、本当にあの預言者だ」と言う者や、「この人はメシアだ」という者がいたが、このように言う者もいた。「メシアはガリラヤから出るだろうか」。

——ヨハネ七・四〇、四一

福音書では、今日次のようなことを明らかにしています。つまり、イエスの行く所どこへでも、喜んでついて行く善良で忠実な友人がいる反面、彼を排除しようと待ちかまえている残忍な敵がいたことを。また、イエスに心ひかれながらも、恐れている多くの支持者もいたのです。

金持ちの若者は、イエスを愛していましたが、財産を捨ててまで、従うことはできませんでした。ニコデモはイエスを崇拝していましたが、仲間からの尊敬を失うのを恐れていました。わたしはこのような恐れを抱いている支持者に目を向けることが大切だと、強く思うようになってきます。自分が特に引きこまれるのが、そのようなグループだからです……。

ニコデモは、仲間のファリサイ派の人々にこう言いました。「我々の律法によれば、まず本人から事情を聞き、何をしたかを確かめたうえでなければ、判決をくだしてはならないことになっているではないか」（ヨハネ七・五一）。用心深い言葉です。イエスを憎んでいる人々に向けて語られています。しかも、その人たちの立場に合わせて語られています。「イエスを憎み、殺したいと思っても、自分たちの尊厳を失ってはいけない。自分たちの決まりに従いなさい」と言います。ニコデモは、イエスを救うためにこう言ったのですが、友人たちをも失いたくなかったのです。しかしうまくいきませんでした。ニコデモは、友人たちからあざけりを受けます。「あなたもガリラヤ出身なのか。よく調べてみなさい。ガリラヤからは預言者の出ないことが分かる」。個人としても、ファリサイ派としての立場も攻撃されています。

これはよく見かけるシーンです。司教会議や教授会で、わたしは何回もニコデモのように話しました。イエスに対するわたしの愛を率直に話さないで、問題を別の面からみてはどうかと、気のきいたふうな発言をします。そのようなとき、友人たちは大抵、わたしが意見の出所を十分調べていないとか、本当に専門的なアプローチの妨げとなる感傷を交えているようだと指摘します。このようなことを言う人たちは、正論の威力を発揮して、わたしを黙らせてしまいます。わたしが心から話ができなかったり、反対を覚悟で意見を述べられなかったのは、まさに、心に恐れがあったからです。ニコデモは、わたしにとって十分注目に値します。

祈り

愛する主よ、
あなたの思いやりと優しさをわたしに示してください。
あなたは、柔和で、謙遜な方です。
「主はわたしを愛してくださる」と、わたしはいつも自分自身に語りかけます。
それでも、いまだに、あなたの愛を頭から心へと十分に深めていないことを、
繰り返し告白しなければなりません。

主よ、来たる週も、
あなたがどんなにわたしを愛していてくださるかを、
繰り返し知らされるでしょう。
これからの週を、あらゆる抵抗から解き放されて、
あなたの愛へと向かう機会にしてください。
そして、わたしをもっとあなたのそばへ呼んでくださるときにしてください。
アーメン

受難週日曜日 ◇◇◇—— Passion Sunday

わたしは復活であり、命である。わたしを信じる者は、死んでも生きる。
生きていてわたしを信じる者はだれも、決して死ぬことはない。

——ヨハネ一一・二五、二六

苦しみや死を通して新しい命を見出すこと、これこそがよい知らせの中心です。イエスは、そのような自由を与える道をわたしたちの前で生きぬかれ、それを大きなしるしとされたのです。人間はしるしを見たいと絶えず願っています。厳しい現実からわずかでも気をそらしてくれる素晴らしい、特別な、あっといわせる出来事を……。素晴らしいもの、例外的なもの、日常生活を打ち破るものをわたしたちは見たいのです。そうすれば、たとえ一瞬でもだましあいをすることができるからです。しかし、「先生、あなたからのしるしを見たいのです」

と言う者に対して、イエスは答えます。「しるしを求めるのは、邪悪で不信仰な時代の人々だ。与えられるしるしは預言者ヨナのしるしだけだ。ヨナが、三日三晩、大魚のお腹の中にいたように、人の子は、三日三晩、地の底にいることになる」。

このことから、真のしるしとは何かを知ることができます。つまり、世間を驚かせるような奇跡ではなくて、イエスの苦しみ、死、葬り、そして復活です。その大きなしるしはヨナのしるしであって、イエスに喜んで従おうとする人だけが理解できるものです。ヨナもまた、現実から逃げ出したかったのですが、神に呼び戻され、最後まで困難な役割を全うしたのです。苦しみと死を正面から見据え、それを通して、神から与えられる新しい命を望みつつ耐え忍んで生きること、それが、イエスのしるしであり、イエスに倣って霊的な生活を送りたいと願っている人間一人ひとりのしるしなのです。それは、十字架のしるし、すなわち、苦しみと死のしるしであり、完全に生まれ変わる望みのしるしでもあります。

イエスは苦しみや死を避けたがる人間の性向と反対の生き方をされましたが、イエスに従った人たちは、幻想の中で生きるより、目を開いて真実を生きるほうがよいことに気がつきました。苦しみや死はイエスの歩かれた狭い道です。イエスはそれらを讃美もしなければ、美しくてよいものとも、望ましいものとも言われませんでした。イエスは英雄主義やみずから命を捨てる自己犠牲を求めてはいません。そうではなくて、ありのままの姿に目を向けるよう求めておられ、この厳しい現実を新しい命に到る道として示しておられるのです。イエスが一番伝えたいことは、真の喜びや平和は、苦しみや死を避けていては決して達することはできず、直接体験することによってのみ達成することができるということです。

わたしたちには選択の余地がない、と言うかも知れません。実際に、誰が苦しみや死を避けることができるでしょうか。それでもなお、選択することはできます。現実の生活を否定することもできますし、それに立ち向かうこともできるのです。わたしたちが絶望することなく、イエスの目を通して現実を見据えると、わたしたちが全く予期していないところに、死そのものより強い約束を秘めている何かが隠されているのに気がつきます。イエスは、神の愛が死より強い、だからこそ、死がすべての終わりではないと信じて生涯を生きぬかれました。イエスは同じような信頼をもって、わたしたちが痛ましい現実を直視するよう求めておられます。これこそ、受難週の意味することです。

祈り

あなたは、永遠の命の言葉をお持ちです。

あなたは、食べものであり、飲みものです。

あなたは、道であり、真理であり、命です。
あなたは、暗闇に輝く光であり、
燭台の上のともしびであり、
丘の上の家です。
あなたは、神のみ姿そのものです。
あなたの中に、あなたを通して、父なる神を見ることができます。
そして、あなたと共に、神へ到る道を見出すことができるのです

わたしの主となり、救い主となり、助け主となってください。
わたしの導き手となり、慰め主となり、励まし手となってください。
わたしの望みとなり、喜びとなり、平和となってください。
あなたにすべてをささげたいと思います。
すべてをささげさせてください。
わたしの持っているもの、考えること、なすこと、感じることすべてを。
主よ、すべてあなたのものです。
どうぞ、すべてを受け入れ、完全にあなたのものとしてください。
アーメン

受難週月曜日

—— Monday in Passion Week

律法学者たちやファリサイ派の人々が、姦通《かんつう》の現場で捕らえられた女を連れて来て、
真ん中に立たせ、イエスに言った。
「先生、この女は姦通をしている時に捕まりました。こういう女は石で打ち殺せと、
モーセは律法の中で命じています。ところで、あなたはどうお考えになりますか」。
イエスを試して、訴える口実を得るために、こう言ったのである。
イエスはかがみ込み、指で地面に何か書き始められた。
しかし、彼らがしつこく問い続けるので、イエスは身を起こして言われた。
「あなたたちの中で罪を犯したことのない者が、まず、この女に石を投げなさい」。

——ヨハネ八・三―七

本当によい知らせとは、神が遠くにある神ではなく、恐れたり避けたりする神でもなく、復

讐の神でもなく、わたしたちの痛みに心動かされ、もがき苦しむ人間にとことんつき合われる神だということです。

神は憐れみ深い方です。何よりも、わたしたちと共にある神であることを選ばれたのです。神を「わたしたちと共にある神」と呼ぶと同時に、わたしたちは神との新しい親しい関係に入ります。神をインマヌエル（神ともにいます）と呼ぶことで、わたしたちは気がつくのです。神がみずから進んで、わたしたちと一体となって生き、わたしたちの喜びや痛みを共有し、わたしたちを弁護し、保護し、わたしたちの生涯を通じて、共に苦しむ約束をしてくださったのだと。わたしたちと共にある神は、身近な神であり、わたしたちの隠れ家、安全な場所、わたしたちの知恵、そしてもっと身近に、わたしたちの助け主、羊飼い、愛する人と呼ぶ方なのです。「神はわたしたちの間に宿られた」（ヨハネ一・一四）と、心の底から理解しなければ、神を憐れみ深い方だと、決して本当には分からないでしょう。

神はわたしたちの神であって、見知らぬ人でもなく、部外者でもなく、通りすがりの人でもないと、どうしたら分かるのでしょうか。

神の憐れみがイエスを通して目に見えるようになったからこそ、わたしたちには分かるのです。イエスは「あなたがたの父が憐れみ深いように、あなたがたも憐れみ深い者となりなさい」と言われただけでなく、イエスご自身が、この神の憐れみの具体的な姿としてこの世におられたのです。無知な人、飢えている人、目の不自由な人、重い皮膚病の人、やもめ、そして苦しみを負ってイエスのもとに集まってくるすべての人に対して、イエスはお応えになりました。それは、御子をわたしたちのひとりになさった神の憐れみから出たのです。この神の憐れみの不思議を明らかにしようとするなら、わたしたちはイエスのみ言葉や行いにしっかり目をとめる必要があります。病気の人や悩み苦しんでいる人々が、突然その苦痛から解放されたという事実だけを心に刻みつけるならば、聖書にある多くの奇跡物語を誤解することになるでしょう。この事実が、本当に奇跡物語の中心的な出来事であったとしたら、イエスの時代、大多数の人は癒されなかったし、癒された人々は、癒されなかった人々にいっそうつらい思いをさせただけだと言う皮肉屋の指摘は、正しいことになってしまうでしょう。ここで大切なのは、病人を癒されたことではなくて、イエスの心を動かして、これらの癒しに向かわせた深い憐れみなのです。

祈り

主よ、あなたは世を裁くためではなく、
世を救うためにおいでになりました。
あなたを拒み、あなたの言葉を受け入れない者に対しては、
裁くものがあります。
あなたの語った言葉が、
終わりの日にその者を裁くでしょう。

――ヨハネ一二・四七―四八による

受難週火曜日 ◇◇◇ —— Tuesday in Passion Week

あなたたちは、人の子を上げたときに初めて、「わたしはある」ということ、
また、わたしが、自分勝手には何もせず、
ただ、父に教えられたとおりに話していることが分かるだろう。
わたしをお遣わしになった方は、わたしと共にいてくださる。
わたしをひとりにしてはおかれない。
わたしは、いつもこの方の御心に適うことを行うからである。

——ヨハネ八・二八、二九

イエスの宣教のみ業はすべて、ご自分から離れて、イエスを送られた神へと向けられていました。弟子たちに向かってイエスは言われました。「わたしがあなたがたに言う言葉は、自

分から話しているのではない。わたしの内におられる父が、その業を行っておられるのである」（ヨハネ一四・一〇）。イエスは、神のみ言葉が人間の姿をとられた方で、ご自身に注意をひくためではなく、父なる神へ到る道を示すために語られました。「わたしは父のもとから出て、世に来たが、今、世を去って、父のもとに行く」（ヨハネ一六・二八）。「わたしは、あなたがたのために場所を用意しに行く……。こうして、わたしのいる所に、あなたがたもいることになる」（ヨハネ一四・二―三）。わたしたちの宣教が、イエスのみ名のもとになされるためには、やはり、わたしたちの言葉を超えたところで、言い表すことのできない神の神秘を指し示すものでなければなりません……。

もし、本当に、聖書の言葉が、わたしたちを無言の神へ導くなら、その言葉を、単に興味を起こさせたり、やる気にさせたりする言葉として用いてはなりません。そうではなくて、わたしたちを愛し、心を配り、優しくしてくださる神の存在に、耳を傾けることができる場を作り出す言葉として、注意深く用いなければなりません。

イエスは言われました。「近くの町や村に行こう。そこでも、わたしは宣教する。そのためにわたしは来たのである」。

これらの何の変哲もない近くの町や村で、イエスが語られたみ言葉は、父なる神との親しい交わりから生まれています。それは、慰めと非難の言葉、希望と警告の言葉、団結と分裂の言葉です。イエスが、あえてこのような挑戦的な言葉で語られたのは、ご自分の栄光を求めなかったからです。イエスは言われます。「わたしが自分自身のために栄光を求めようとしているのであれば、わたしの栄光はむなしい。わたしに栄光を与えてくださるのはわたしの父であって、あなたたちはその方を知らないのに、『我々の神だ』と言っている」（ヨハネ八・五四）。二、三年の内に、そのみ言葉のために、イエスは拒否され、死に到ることになります。

イエスは苦しみの中から従順を学ばれました。つまり、イエスがすすんで受けられた痛みや苦しみの中から、徹底して神に耳を傾けるようになられたということです。苦しみを通して、イエスは神を知るようになり、神の呼びかけに応えることができました。貧しい人々をお選びになった真の意味を表すのに、これ以上ふさわしい言葉はないでしょう。貧しい人々の苦しみを共に味わうことで従順になり、神に耳を傾ける者となるのです。愛をもって苦しみを受けとめ、分かち合うことで、わたしたちの自己中心的な守りが打ちくだかれ、解き放たれて、神の導きを受け入れるようになるのです。

神から出たものでなければ、本当のものは何もありません。このことは聖フランシスが見出した偉大なところです。彼は、全世界が神の手の中にあることを突然悟り、どうして神がこの世界をお捨てにならないのか不思議に思ったのです。聖アウグスチヌス、アビラのテレサ、聖ジャン・ヴィヤネー、そしてすべての聖人が聖人であるのは、まさに、彼らにとって、この世の秩序がひっくり返され、神なくしては何も存在せず、何も息をせず、何も動かず、何も生きてはいないということを目にし、感じ、とりわけ、心から悟ったからです。

祈り

主なるイエス・キリスト、
これがあなたの父のみ心なのです。
あなたを見て信じる者がみな永遠の命を得、
あなたがその人を終わりの日に復活させるのです。

――ヨハネ六・四〇による

受難週水曜日

◇ —— Wednesday in Passion Week

わたしの言葉にとどまるならば、あなたたちは本当にわたしの弟子である。あなたたちは真理を知り、真理はあなたたちを自由にする。

——ヨハネ八・三一、三二

イエスは、わたしたちがイエスのようになるために、わたしたちと同じようになられました。神と等しくあることに固執しないで、ご自身を虚しくし、わたしたちがイエスと同じようになり、イエスの聖なる命を分かち合うために、わたしたちと同じようになられました。わたしたちの生活のこのような根本的な変化は、聖霊の働きによるものです。弟子たちは、イエスの意図されることを、ほとんど理解できませんでした。イエスが肉体をもって彼らの所におられる間でさえ、イエスが聖霊に満たされた存在であることには、まだ気がつかなかったのです。それで、イエスは言われました。「わたしが去って行くのは、あなたがたのためになる。わたしが去って行かなければ、弁護者はあなたがたのところに来ないからである。わたしが行けば、弁護者をあなたがたのところに送る」（ヨハネ一六・七）。

わたしたちが、聖なる命の全き真理に導かれるよう、イエスは聖霊を送られます。真理は知識でも観念でも教義でもなく、真実の交わりなのです。真理に導かれるのは、イエスが父なる神と持たれるのと同じ関係に導かれること、つまり、神と結婚の約束をすることです。

このように、ペンテコステにおいてイエスの使命は成就します。ペンテコステにおいて、イエスの宣教のすべてが見えてきます。聖霊が降り、弟子たちに宿ることで、その生活はキリストのような生活――父と御子との間にあるのと同じ愛に像《かたど》られた生活――へと変えられます。霊的な生活とは、聖なる命にあずかる者となるよう高められることです。

しかし、父、子、聖霊の聖なる命へと上げられることは、この世の外へ連れ出されることではありません。それどころか、霊的な生活に入った人たちは、イエスが始められたみ業を受け継ぎ、成就するために、この世へと送られた人に他なりません。霊的な生活とは、わたしたちをこの世から連れ出すのではなく、さらにこの世の深みへと導きます。イエスは父なる神に言われます。「わたしを世にお遣わしになったように、わたしも彼らを世に遣わしました」（ヨハネ一七・一八）。イエスの弟子たちがもはやこの世に属さないからこそ、イエスのようにこの世で生きることができることを、イエスは明らかにされています。

ですから、イエスのみ霊《たま》にあずかる生活とは、イエスがこの世へ来られたこと、つまり、人となられ、死に、甦られたことで、イエス自身の生涯の特徴である父なる神との従順な関係へ、同じように入った人びとによって生きぬかれた生活なのです。イエスが御子であったように、わたしたちも神の子となるとき、わたしたちの生涯は、イエスの伝道を受け継ぐものとなります。

グスタボ・グティエレスが言っていますが、心豊かな生き方とは、内省によって到達する心理的な真実のことをいうのではなく、パウロのいう意味での律法の束縛から解放されて生きることです。自由に愛する生き方です。このように、霊的な生活とは真に自由に生きる場なのです。外から来る無理強いや抑圧をふり捨て、神の愛である聖霊を、わたしたちの唯一の導き手にすることができるなら、その時こそ、本当に自由で、心の豊かな、霊に満たされた生活を送ることができます。

祈り

愛する神よ、あなたは真理です。

わたしを自身をあなたに根づかせるとき、

わたしは真理に生きるでしょう。
主よ、真理に満ちた生き方ができますよう助けてください。
人気や世論や流行や、
あるいは、都合のいい考えによってではなく、
あなたを知ることからくる真の知識による生活が送れますように。

あなたの真理を守ることは難しく、苦しく、抑圧や迫害や、
死に到るときがあるかもしれません。
主よ、そのようなときが来ることがあっても、わたしと共にいてください。
そして、あなたの真理を守ることは、あなたにすがることを意味し、
愛と真理は決して離れないということを、
身をもって感じさせてください。
そして、真理に生きることは、
愛に満ちた関係を保つのと同じだということを。
主よ、いつも、あなたのそばへ近づけてください。　アーメン

受難週木曜日 ❖ —— Thursday in Passion Week

はっきり言っておく。わたしの言葉を守るなら、その人は決して死ぬことがない。

——ヨハネ八・五一

とはいえ、わたしたちはまた、この世の誘惑にもさらされています。物欲や肉欲の誘惑、暴力や復讐の誘惑、憎悪や破壊の誘惑に。わたしたちはもろもろの悪魔的な力から免れてはいないのです。ですから、お互いに助け合って、キリストに心と思いを向けていなければなりません。そうすれば主が来られたとき、主を見分けることができ、自信をもってみずから主のみ前に立つことができるでしょう（ルカ二一・三六参照）。わたしたちは自分自身、また互いに、み言葉にかたく結ばれていなければなりません。なぜなら、「天地は滅びるが、わたしの言葉は決して滅びない」（ルカ二一・三三）からです。この永遠のみ言葉、人となり、わたしたちと共に生きられるこのみ言葉にこそ、わたしたちの希望が懸かっているのです。

あなたもわたしも、共にイエスの弟子になるよう招かれています。大切なのは、従うよう招いてくださっている神の愛の呼びかけに、いつも耳をすませていること、すなわち、心を集中して聴くことなのです。

わたしたちの気をそらせて、急を要するように見える事柄に、注意を向けさせようとしているこの世にあって、どうすれば、このみ声に耳を傾け続けることができるでしょうか。

まず第一に、教会に耳を傾けることです。これは、ときとして、また国によって、教会がしばしばイエスに到る道ではなく、むしろ邪魔になっているように見える場合、あまり一般的な勧めでないことは承知しています。にもかかわらず、今日最大の教会の危機は、イエスが教会から切り離されていることにあると、わたしは心から確信しています。教会は主の体です。イエスがおられなければ、教会は存在し得ません。そして教会がなければ、わたしたちはイエスに結ばれていることができないのです。教会を捨てたことで、よりイエスに近づいたという人に、わたしはこれまで会ったことがありません。教会に耳を傾けることは、教会のかしらである主に耳を傾けることです。

具体的には、教会の典礼行事に参加するということです。待降（降臨）節、クリスマス、受難（大斎、四旬）節、イースター、昇天日、聖霊降臨節など、これらの期間や祝祭日は、イエスをもっとよく知り、教会において主から賜っている聖なる命とますます密接に結ばれることを、人々に教えているものです。

聖餐式（ミサ）は教会生活の中心になるものです。聖餐式においてこそ、命を与える福音を聴き、人々の命を支えてくれる賜物を受けるのです。教会に耳を傾け続ける最も確実な方法は、きちんと聖餐式に参加することです。

祈り

神よ、信仰がなければあなたを信じることはできません。
あなたに近づく者は、あなたが存在しておられること、
また、あなたはご自分を求めるものたちに報いてくださる方であることを、
信じていなければならないからです。

——ヘブライ一一・六による

受難週金曜日

Friday in Passion Week

わたしは、父が与えてくださった多くの善い業をあなたたちに示した。そのなかのどの業《わざ》のために、石で打ち殺そうとするのか。

――ヨハネ一〇・三二

イエスは、群衆が飼い主のいない羊のように弱りはて、打ちひしがれているのをご覧になって、心から憐れまれました（マタイ九・三六）。目の見えない人たち、手足の麻痺した人たち、耳の聞こえない人たちが、方々の町からイエスのもとに連れて来られるのを見て、心を動かされ、ご自身も心にその人たちの痛みを経験されたのでした（マタイ一四・一四）。

イエスは、いく日も彼に従ってきた何千人もの人たちが、疲れ、飢えているのをご覧になり、「群衆がかわいそうだ」（マルコ八・二）と言われました。

また、叫びながらイエスについてきた二人の目の見えない人（マタイ九・二七）、彼の前に来てひざまずいた重い皮膚病の人（マルコ一・四一）、ひとり息子を埋葬していたナインのやもめ（ルカ七・一三）に対しても、憐れみを感じられたのでした。イエスはその人たちに心を動かされました。

イエスならではの深い感受性によって、その人たちの悲しみの深さを感じとることができたのでした。彼は迷う者と共に迷い、飢えた者と共に飢え、病む者と共に病んだのです。イエスの心は、あらゆる悩み苦しみを鋭い感性によって理解できたのです。

ここに示されている大いなる奥義とは、イエスご自身が罪のない神の子でありながら、完全に自由意志で、わたしたちの苦しみをすべて経験される道を選ばれ、それによって、わたしたちは自分の苦悩の本質が分かるようになったということです。イエスにおいて、わたしたちは自分が本当はどのような人間であるかを知り、経験するのです。神であるイエスが、わたしたち罪に落ちた人間の生を、呪われたもの（創世記三・一四－一九）としてではなく、祝福されたものとして生きられるのです。わたしたちはイエスの憐れみによって、罪深い自分自身に向き合うことができるのです。なぜならイエスの憐れみによって、弱く惨めなわたしたち人間の状態は、絶望の淵から希望の泉へと変えられるのですから。

イエスがなされたこと、言われたこと、そして耐え忍ばれたことのすべては、わたしたちに以下のことを示すためでした。わたしたちが最も願い求めている愛は、わたしたちが受けるに値するからではなく、神が愛の神であるから、与えられているということを。

イエスはそのような神の愛を目に見えるようにし、わたしたちに与えるために、わたしたちのもとに来られたのです。ニコデモとの会話の中で、イエスは言われました。「……神は、その独り子をお与えになったほどに、世を愛された。……神が御子を世に遣わされたのは、世を裁くためではなく、御子によって世が救われるためである」。これらの言葉のなかに受肉の意味は要約されています。神は人となられました。すなわち、わたしたちと共におられる神なのです。認められたいという切実な思いや、わたしたちの間にある暴力は、神の愛が信じられないから起こるものであることを、わたしたちに示すために。もしわたしたちに対する神の無条件の愛をかたく信じることができるなら、もう他の人たちから賞賛されることを、絶えず気にする必要はないでしょう。まして、神がこれほど惜しみなく与えようと望んでおられるものを、他の人から力ずくで手に入れようとする必要はなくなるでしょう。

祈り

主なるイエス・キリスト、
あなたはわたしたちのため苦しみを受け、
その足跡に続くようにと模範を残されました。
あなたは罪を犯したことがなく、その口には偽りがありませんでした。
あなたはののしられてもののしり返さず、
苦しめられても人を脅さず、
正しくお裁きになる方にお任せになりました。
あなたは十字架にかかってみずからその身にわたしたちの罪を、
担ってくださいました。
わたしたちが、罪に対して死んで、義によって生きるようになるためです。
あなたがお受けになった傷によって、わたしたちは癒されました。

——Ｉペトロ二・二一—二四による

受難週土曜日 ❖ ——Saturday in Passion Week

わたしは彼らと平和の契約を結ぶ。それは彼らとの永遠の契約となる。
わたしは彼らの住居を定め、彼らを増し加える。
わたしはまた、永遠に彼らの真ん中にわたしの聖所を置く。
わたしの住まいは彼らと共にあり、
わたしは彼らの神となり、彼らはわたしの民となる。

——エゼキエル書三七・二六―二七

神を理解することはできません。人間の頭で神を把握することはできません。真理はわたしたち人間の能力を超えています。それに近づくただ一つの方法は、真理を手に入れるとか、持ち続けるとかいう人間の能力に限界があると、絶えず強調することしかありません。神を説明することも、歴史の中で神の存在を説明することもできません。特定の出来事や状況によって、神がどのような存在かを証明しようとすると、自分が神を演じ、真理をゆがめてしまいます。わたしたちはただ、神はこれまでわたしたちを見捨てられず、説明のつかない人生の不条理の真っ只中で、わたしたちを招いてくださっているということを、信じて受け入れることしかできません。このことに深く気づくことがたいへん重要なのです。神はここに働いているが、あそこには働いていないとか、神は今日おられて明日おられないとか、自分にも他の人にも言ってみたいという大きな誘惑が忍び込むのです。しかし、キリスト者であろうと、牧師であろうと、修道士であろうと、だれも神について特別な知識を持ってはいないのです。神は、どんな人間的な考えや憶測によっても限定できるものではありません。神は、わたしたち人間の頭脳や思いを遥かに超えた存在であり、全く自由自在にいつでもどこでも、思いのままにご自身を現すことができるのです。

わたしたちは固く目を閉じ、しっかり手を合わせることはできます。しかし、神はご自分が望まれるときだけ語られるのです。このことに気づくと、わたしたちがあの手この手で懇願することは、全くおかしなことになります。ときとして、わたしたちは子どものようになり、目を閉じて世界を消してしまえると考えることがあります。

あらゆることをして神のために場所を用意したとしても、みずから決断して来られるのはやはり神の方です。けれども、わたしたちには、望みをおくことのできる約束があります。それは神の愛という約束です。ですから、わたしたちの人生は、まさに望みつつ待つことです。忍耐強く微笑みながら待っていればよいのです。そうすればきっと、主の再臨のとき、わたしたちは心から驚き、感謝と喜びに満たされるでしょう。

祈り

神よ、わたしたちはあなたが、
わたしたちの先祖と結ばれた契約の子です。
「地上のすべての民は、あなたから生まれる者によって祝福を受ける」と、
あなたはアブラハムに言われました。
わたしたちのために、あなたはご自分の僕《しもべ》イエスを立てられ、
その祝福にあずからせるため、わたしたちのもとに、
遣わしてくださったのです。

――使徒三・二五―二六による

棕櫚《しゅろ》の日曜日 ◇ ―― Palm Sunday

弟子たちは行って、イエスが命じられたとおりにし、ろばと子ろばを引いて来て、その上に服をかけると、イエスはそれにお乗りになった。大勢の群衆が自分の服を道に敷き、また、ほかの人々は木の枝を切って道に敷いた。そして群衆は、イエスの前を行く者も後に従う者も叫んだ。

「ダビデの子にホサナ。

主の名によって来られる方に、祝福があるように。

いと高きところにホサナ」。

――マタイ二一・六―九

フライブルクのアウグスティヌス美術館にある『子ろばに乗ったイエス』は、わたしの知るかぎり最も感動的なキリスト像の一つです。

今日の午後、わたしはこの『棕櫚の主日の子ろばに乗ったキリスト』と共にしばらく静かなときを過ごすために、その美術館へ行きました。この一四世紀の彫刻は、もとはライン川沿いのブライザッハに近い小さな町、ニーダーロートヴァイルから来たもので、棕櫚の日曜日の行列のとき荷車に乗せて引くように作られたものでした。

キリストの細長い顔、秀でたひたい、内面を見つめているような目、長い髪、先の分かれた短いあごひげは、みな主のはかり知れないみ苦しみを表しており、わたしは息をのんで立ち尽くすのです。「ホサナ」と叫びながら、「木の枝を切って道に敷いた」(マタイ二一・八)。人々にとり囲まれてエルサレムに入られるとき、イエスは何かほかのことにすっかり心を向けているように見えます。イエスは熱狂した群衆を見ておられません。手も振られません。イエスはそれらのどよめきの向こうに、ご自分の身に起こること、すなわち、裏切りと拷問と十字架と死という苦難の旅を見ておられます。イエスの定まらない視線は、まわりのだれにも見えないものを見ています。彼の秀でたひたいは、すべての人の理解をはるかに超えた来たるべきものを、すでに知っておられることを表しています。そこには憂いがあり、同時に安らかな受容があります。変わりやすい人の心についての洞察、それに対する限りない憐れみがあります。受けなければならない言語に絶する苦痛を深く知りながら、なお神のみ旨を成し遂げようとする強い決意があります。何にもまして、そこには愛があります。神とのゆるぎない交わりから生まれた、永遠に続く深く広い愛、今も昔もこれからも、どこにいようとすべての人に行きわたる愛があります。イエスがご存知でないようなことは何一つありません。イエスが十分に愛されないような人は、ひとりもいないのです。

この『子ろばに乗ったイエス』を見るといつも、自分が罪ある者、罪の意識にさいなまれている者、恥多き者としてイエスに見られながら、なお主の赦しと慈しみと憐れみによって愛されていることを、あらためて思い起こすのです。

アウグスティヌス美術館の中でイエスと共にいることが、そのまま祈りになっているのです。いつまでも見つめているうちに、イエスがわたしの心の底まで見通しておられることが分かってきます。わたしは何も恐れる必要がなくなります。

喜びと悲しみが同時に生まれてくるのですが、どちらも心の非常に深いところから湧き出てくるので、その複雑な感情をとらえる言葉が見つかりません。

けれども、人生のひとこまひとこまが死と背中合わせであることを、このようなかたちで身近に体験することで、自分の存在の限界を超えたものに目を向けることができるのです。心が大きな喜び——誰にも取り去ることのできない喜び——で満たされる日を望んで待つことによって、それが可能になるのです。ですから今は、待ち望むことについてよく考えてみましょう。まず、忍耐しながら待ち望む、それから、喜んで待ち望むことを。

祈り

全能なる神よ、
今日わたしたちは、勝利されたキリストをあがめます。
賛美の歌をうたいつつ、
わたしたちは主に従い、聖なる都に入ります。
永遠にあなたと共に生き、支配されるお方を通して、
わたしたちも、天の都エルサレムへ、
入ることをお許しください。

――「棕櫚の日の祝福を求める祈り」より

聖週月曜日 ❖ —— Monday in Holy Week

「貧しい人々はいつもあなたがたと一緒にいるが、
わたしはいつも一緒にいるわけではない。」

——ヨハネ一二・八

小さな人々、小さな喜び、小さな悲しみを選び、神が近づかれるのはそのような所だと信じること、それがイエスの道の難しいところですが……。わたしの心の中には、イエスの道を、世間から見て名誉な道にしたいという思いが、いつもあります。わたしは、この小さな道が大きな道になることをいつも願っているのです。けれどもイエスは、世間が離れたいと思っている所に向かっているのですから、サクセスストーリーになることはあり得ません。

貧困の現場に触れる度に、その向こうにはもっとひどい貧困のあることが分かるでしょう。

実際、富や豊かさや成功や賞賛や褒賞に戻る道はないのです。物質的な貧しさの先には心の貧しさがあり、心の貧しさの先には霊的な貧しさがあり、そしてその先には何もないのです。神は慈愛の神であるとひたすら信じる以外には何もないのです。

それは、自分ひとりで歩ける道ではありません。イエスが共にいてくださって初めて、神の慈愛以外何もないところへ行くことができるのです。そこは、イエスが「わが神、わが神、なぜわたしをお見捨てになったのですか」と叫ばれた所、そしてまた、イエスが甦られた所でもあるのです。

イエスの道は、イエスと共にしか歩くことができません。もし自分だけで歩きたいと思うと、ヒロイズムの裏返しになってしまうでしょう。ヒロイズムそのものが気まぐれなように。ただ神の子イエスだけが、すべてを投げ出し、すべてを赦す場所に行けるのです。わたしたちが、ひとりで道を外れてしまうことについて、イエスは警告しておられます。「わたしを離れては、あなたがたは何もできない」、と。しかしまた、イエスは約束しておられます。「人がわたしにつながっており、わたしもその人につながっていれば、その人は豊かに実を結ぶ」（ヨハネ一五・五）と。

祈りを伴わない行いが、なぜこれほど実を結ばないのか、今はっきり分かります。祈りの中で、祈りを通して、初めてわたしたちは親しくイエスと結ばれ、主の道を共に歩む力が与えられるのです。

ですから、祈りと行いは決して矛盾するものでも、相容れないものでもありません。行いの伴わない祈りは、やがて無力な敬虔主義に陥り、祈りの伴わない行いは、怪しげな小細工に陥ってしまうでしょう。もし祈りに導かれて、憐れみに満ちたキリストにより深く結ばれるなら、かならず具体的な奉仕が生まれるでしょう。そして、その具体的な奉仕を通して、貧しい人、病気の人、死に瀕している人や虐げられている人とより深く結ばれるなら、かならず祈りが生まれてきます。祈りの中で、わたしたちはキリストに出会い、キリストにおいて、人間のあらゆる苦しみに出会うのです。奉仕を通して、わたしたちは人々と出会い、その中で、苦しんでおられるキリストに出会います。

苦しんでいる人々のために、その人々と共に行動することは、神の憐れみに満ちた生活の具体的な表れであり、キリスト者であることの最終的な規範です。そのような行いは、祈りや礼拝と離れて、別なところにあるのではなく、行いそのものが祈りと礼拝のときなのです。どうしてなのでしょう。それは、イエス・キリストが神と等しくあることに固執せず、わたしたちと同じになられ、飢え、渇き、疎外され、裸にされ、病気になり、牢に入られた人々のいる所におられるからです。わたしたちは、キリストと絶えず対話しながら生活し、その生活がみ霊によって導かれているなら、そのときこそ主が、貧しい人、虐げられている人、踏みつけにされている人の中におられることが分かるでしょう。そして主の叫びを聞き、主がどこでご自身を現されようと、それに応えるでしょう。

そのようにして、礼拝は宣教となり、宣教は礼拝となって、わたしたちの言ったりしたりすること、求めたり与えたりすることすべては、神の憐れみが現れる生き方となるのです。

祈り

立ち上がってください、主よ。
神よ、御手を上げてください。
貧しい人を忘れないでください。
あなたは必ず御覧になって
御手に苦労と悩みをゆだねる人を
顧みてくださいます。
主よ、あなたは貧しい人に耳を傾け
その願いを聞き、彼らの心を確かにしてくださいます。

——詩編一〇・一二、一四、一七

聖週火曜日 ―― Tuesday in Holy Week

イエスはこう話し終えると、心を騒がせ、断言された。

「はっきり言っておく。あなたがたのうちの一人がわたしを裏切ろうとしている。」

――ヨハネ一三・二一

イエスは、弟子たちと食卓に座って言われました。「はっきり言っておく。あなたがたのうちの一人がわたしを裏切ろうとしている。」」(ヨハネ一三・二一)。このイエスの言葉をギリシャ語でさらに詳しく調べてみると、「あなたがたのうちのひとりがわたしを引き渡すだろう」と訳すほうがよいようです。paradidomiという語には、引き渡すとか手渡すといった意味があります。それはユダのしたことを表しているばかりでなく、神のなさったことをも表している重要な言葉なのです。パウロは書いています。「…… わたしたちすべてのために、その御子をさえ惜しまず死に渡された方は……」（ローマ八・三二）と。

もしユダの行為を裏切りと訳すならば、その奥義を十分に表してはいないでしょう。なぜなら、ユダは神のみ業の道具として描かれているのですから。それでイエスは言われました。「人の子は、聖書に書いてあるとおりに、去って行く。だが、人の子を裏切る〈引き渡す〉その者は不幸だ」（マタイ二六・二四）。

イエスを思い通りに扱う人々の手に渡されたその瞬間こそ、イエスの宣教の転換点なのです。それは、働きかけから受け身への転換です。数年にわたって教え、説教し、癒し、行きたい所へ行き、その後で、イエスは、思い通りにしようとする敵の手に引き渡されました。もはやすべてのことが、イエスによってではなく、イエスに対してなされることになりました。むち打たれ、いばらの冠をかぶせられ、つばを吐きかけられ、あざけられ、衣服をはぎ取られ、はだかで十字架に釘付けにされたのです。イエスは、人々の仕打ちに身をさらす、無抵抗な被害者となります。引き渡された瞬間から、イエスの受難は始まり、この受難を通して、イエスは使命を果たされるのです。

わたしにとって重要なのは、イエスがなさったことによってではなく、受けた仕打ちによって、使命を果たされたと知ることです。誰でも同じですが、わたしの人生の大部分はまわりから受けたことで決まります。ですから、人生は受け身なのです。わたしの人生の大部分が受け身である以上、自分が考えたり、言ったり、したりしたことによって決まることは、人生のほんの一部分に過ぎないのです。わたしはこれに逆らい、何でも自発的に行動したいと思っています。けれども、人生においては、受けることのほうが、みずから行うことよりはるかに多いというのが真実です。これを認めないのは、自己欺瞞であり、与えられたものを愛の心で受け入れないなら、それは自己否定になります。

イエスが引き渡されて受難にあい、その受難を通して、神のみ業を地上で成就されたと知ることが福音なのです。ひたすら完全さを追い求めているこの世の人々にとって、それは福音なのです。

イエスがペトロに言われた言葉から、こう気づかされます。イエスの道をたどりたいと願うなら、働きかけから受け身へのイエスの転換を、わたしたちもしなければなりません。主は言われます。「あなたは、若いときは、自分で帯を締めて、行きたいところへ行っていた。しかし、年をとると、両手を伸ばして、他の人に帯を締められ、行きたくないところへ連れて行かれる」(ヨハネ二一・一八)。

わたしもイエスのように、自分自身を引き渡されるに任せ、自分の使命を果たさねばなりません。

祈り

神よ、もしあなたがわたしの味方であるならば、
だれがわたしたちに敵対できますか。
わたしたちすべてのために、
その御子をさえ惜しまず死に渡された方は、
御子と一緒にすべてのものをわたしたちに
賜らないはずがありましょうか。
死んで、さらに甦って神の右に座し、
御子イエス・キリストがわたしたちのために
執りなしてくださることを信じます。

――ローマ八・三一―三二、三四による

聖週水曜日 ―― Wednesday in Holy Week

都のあの人のところに行ってこう言いなさい。『先生が、「わたしの時が近づいた。お宅で弟子たちと一緒に過越の食事をする」と言っています。』」。弟子たちは、イエスに命じられたとおりにして、過越の食事を準備した。

――マタイ二六・一八―一九

主よ、わたしが強く望んでいる愛を見つけ出すために、あなた以外のところに、どうして行くことができるでしょうか。わたしの存在の根底に触れる愛を、わたしと同じ罪深い人々に期待できると、どうして望むことができるでしょうか。わたしを清め、食べ物や飲み物を与えてくれる方は、あなた以外に誰がいるでしょうか。あなたが望まれるように身近で親しみ深く心休まるようにしてくださる方は、あなた以外に誰がいるでしょうか。主よ、あなたの愛は抽象的なものではありません。言葉や観念にとどまるものでもありません。そうではなく、主よ、あなたの愛は、人間を深く知る心からくるのです。それは、あなたの全存在をとおして現される深い愛だからです。あなたはわたしに語りかけ、目にとめ、触れ、食物を与えてくださいます。そうです。あなたはご自分の愛を、全身で受けとめることのできるようにしてくださいます。そして、母親が子どもを抱くように、父親が息子を抱きしめ、兄が妹や弟に触れるように、触れてくださいます。

主イエス、わたしはあなたを仰ぎ見ます。あなたのまなざしから目を離しません。あなたの目は永遠に続く神の奥義を見通し、神の栄光を見ておられます。そのまなざしはまた、シモン、アンデレ、ナタナエル、レビらを見つめ、長い間出血に悩まされていた女、ナインのやもめ、目の見えない人、足の悪い人、重い皮膚病の人、おなかをすかせた群衆を見つめ、悲しみにくれている人、金持ちの指導者、湖の上で恐怖に怯える弟子たち、墓の前で悲しみに沈む女たちを見つめています。主よ、あなたの目は神の尽きることのない愛を見ています。愛の信仰を失って羊飼いのいない羊のようになっているすべての人々の、果てしなく続くような苦しみを見ておられます。

あなたの目を見つめるとき、わたしは畏れを覚えます。あなたのまなざしはわたしの深い部分を炎のように刺し通すからです。あなたのまなざしは、同じくわたしをも慰めてくださいます。なぜなら、その炎は清め、癒してくださるからです。あなたの目はとても厳しいが、愛に満ちており、すべてを暴くが、守ってもくださいます。そして、人間の本質を見抜かれますが、優しく包みこんでくださいます。あなたのまなざしは深遠ですが、身近なものでもあります。よそよそしく見えますが、いつも招いていてくださいます。

わたしは次第に分かってきました。あなたに見られていたい、あなたの思いやりのあるまなざしに守られて暮らしたい、あなたからご覧になって強く優しい者となりたい、と思っていることを。主よ、わたしの目をもっとあなたの目のように、心に傷を持つ人々を癒すことのできる目のように、あなたが見ておられることを——神の愛と人々の苦しみ——をわたしにも見せてください。

祈り
愛する主よ、
あなたの弟子のペトロは、あなたをだれが裏切るかを知りたいと思いました。
あなたはユダを指差しましたが、少し遅れてペトロをも指差しました。
ユダはあなたを裏切り、ペトロはあなたを知らないと言いました。

ユダは首をくくり、ペトロは使徒となりました。
あなたはペトロを使徒たちのなかで第一のものとしました。
主よ、信仰をお与えください。あなたの無限の憐れみを信じる信仰を。
あなたの限りない赦しと、計り知れない優しさを信じる信仰を。
わたしの罪が大きくて、とても赦されるはずがないとか、
あまりにも忌まわしい罪に陥っているため、
あなたの憐れみに触れていただくことができないと、
思うことのないように、
してください。
逃げ出すことなく、何度でもあなたに立ち帰らせてください。
あなたはわたしの主、わたしの羊飼い、
最後のよりどころ、避けどころとなってくださるように。
主よ、あなたの翼の下にかくまってください。
あなたの赦しを求め続ける限り、
わたしを否まれることはないと教えてください。
あまりにも大きくて赦されるはずがないと考えている罪よりも、

多分、あなたの赦しを疑うことのほうが大きな罪なのです。
あなたに抱きしめていただくことなど、もうできないと思うときこそ、
自分がとても重要な人間だとか偉いとか思い上がっているときなのでしょう。
主よ、どうぞわたしに目をとめてください。
ペトロの祈りを聞き届けてくださったように、
わたしの祈りを聞き入れてください。
ユダが逃げ去ったように、
夜、わたしも逃げ去ることのないようにしてください。

主よ、この聖なる週にわたしを祝福してください。
愛に満ちたあなたの存在を、もっと身近に感じることができるよう、
恵みをお与えください。
アーメン

聖木曜日 ⁂ —— Holy Thursday

イエスは……上着を脱ぎ、手ぬぐいを取って腰にまとわれた。それから、たらいに水をくんで弟子たちの足を洗い、腰にまとった手ぬぐいでふき始められた……。イエスは言われた。「わたしがあなたがたにしたとおりに、あなたがたもするようにと、模範を示したのである」。

——ヨハネ一三・四―五、一五

受難の道に入る直前に、イエスは弟子たちの足を洗い、自らの体を食べ物とし、血を飲み物として彼らに与えてくださいました。このふたつの行為は、互いに切り離せません。さらに、その愛をわたしたちに伝える愛の決意をも表しています。ですから、ヨハネは、イエスが弟子たちの足を洗った物語を、「イエスは、……世にいる弟子たちを愛して、この上なく愛し抜かれた」(ヨハネ一三・一)という言葉で始めています。

もっと驚くべきことは、イエスがこのふたつの出来事について、わたしたちにも同じようにするように命じられていることです。弟子たちの足を洗って、イエスは、「わたしがあなたがたにしたとおりに、あなたがたもするようにと、模範を示したのである」(ヨハネ一三・一五)と言っておられます。みずからの体と血を味わうように与えた後、「わたしの記念としてこのように行いなさい」(ルカ二二・一九)と言われています。神の全き愛を明らかにするイエスの使命を、この世で続けるようにと、イエスはわたしたちに命じておられます。全き献身を求めておられるのです。イエスは、わたしたちが自分をすべて捨てることを望んでおられます。いやむしろイエスは、わたしたちの愛がイエスと同じように深く、妥協の余地を残さず、完璧であるよう望んでおられます。地面にかがんで、一番汚れたところを互いに触れるよう求めておられます。「わたしを食べ、わたしを飲んでください」と語り合うことも望んでおられます。養い育て合うことによって、神の愛で結ばれひとつの体ひとつの心となることを望んでおられます。

主よ、わたしはあなたを見つめています。あなたは、このように多くの愛の言葉を語ってくださいました。心の思いを分かりやすく話してくださいました。そして今、あなたがどんなにわたしを愛していてくださるかを、なお一層はっきり示そうとしておられます。父である神がすべてをあなたの手に委ね、神のもとから来て神に帰ろうとしていることを、あなたは悟り、上着を脱ぎ、手ぬぐいを取って腰にまとい、たらいに水をくんでわたしの足を洗いはじめ、それから腰にまとった手ぬぐいで拭いてくださいます……。

限りない優しさをもって、あなたはこのように言われます。「わたしと共にいなさい。全身全霊をもってわたしの命にあずかりなさい。わたしが父の内にいるように、わたしの内にいなさい。あなたとわたしが一体となり、わたしがあなたにしたと同じく、あなたも人にしてあげられるよう、すっかりきれいに洗いたいのです」。

主よ、わたしは再びあなたを見つめています。あなたは立ち上がり、わたしを食卓に招かれます。食事をしているとき、パンを取り、賛美の祈りを唱えて、それを裂き、わたしに与えて言われます。「取って食べなさい。これはあなたのために与えられるわたしの体です」。そして、杯を取り、感謝の祈りをささげてからわたしに手渡し、「これはあなたのために流されるわたしの血、新しい契約です」と。あなたは、この世から父のもとへ移るご自分のときが来たことを悟り、わたしを愛して、最後まで愛し通してくださいます。あなたの持てるものすべてとご自身をわたしに与えてくださいます。まさにご自身の血潮を流してくださいます。あなたが心に抱いて持ってきてくださったすべての愛は、今、明らかになります。あなたはわたしの足を洗ってくださった後、あなたのからだと血を味わいなさいと与えてくださるのです。

主よ、あなたのみ許に行かなければ、これほど強く求めている愛を、わたしは見出すことはできません。

聖餐式（ミサ）を守り、パンとぶどう酒、すなわちイエスの体と血をいただくときはいつも、イエスの苦しみと死を、あなたは体験するのです。キリストの苦しみはあなたの慰めとなります。あなたはイエスと一体となります。イエスの「体」の一部となり、その深い慰めで、深い孤独から解放されます。聖餐式を通して、じかにイエスに属する者となります。なぜならイエスは、あなたが苦しみ、死んでも、イエスと共に再び起きあがることができるよう、あなたのために苦しみ、死に、甦られたのですから。

祈り

全能にしてとこしえにいます神よ、
苦しみにあう前の夕べ、
あなたの愛する御子イエスは、

新しい永遠の契約というささげものを教会に託し、
愛の祝宴を制定されました。
願わくは、この奥義を通して、
わたしたちが豊かな命と愛を受けることができますように。
イエス・キリストの御名を通してお願いします。

聖金曜日 ◇◇ ―― Good Friday

イエスは、このぶどう酒を受けると、「成し遂げられた」と言い、頭を垂れて息を引き取られた……。
しかし、兵士の一人が槍でイエスのわき腹を刺した。すると、すぐ血と水とが流れ出た。それを目撃した者が証ししており、その証しは真実である。その者は、あなたがたにも信じさせるために、自分が真実を語っていることを知っている。これらのことが起こったのは、「その骨は一つも砕かれない」という聖書の言葉が実現するためであった。また、聖書の別の所に、「彼らは、自分たちの突き刺した者を見る」とも書いてある。

――ヨハネ一九・三〇、三四―三七

聖金曜日、それは十字架の日、苦難の日、希望の日、すべてを捨て去った日、勝利の日、悲しみの日、喜びの日、すべての終わりの日、そしてすべての始まりの日。

トロズリーにおけるミサの間、トマス神父とギルバート神父は、共同体（ラルシュ共同体）のすべての人々が来てキリストの死の像に接吻することができるように、祭壇の後の壁にかかっている大きな十字架を外して手に持っていました。ミサに皆やって来ました。四〇〇人以上もの人々が。障がいを負った男女、そしてその支援者や友人たちが。その人たちはみな、自分たちが何をしているかよく分かっているようでした。つまり、彼らは、自分の命を与えてくださったキリストに愛と感謝の気持ちを表していたのです。彼らが十字架の周りに集まってイエスの頭や足に接吻しているとき、わたしは目を閉じると、イエスの聖なる体が大の字に引き伸ばされて地球の上に磔にされている姿が見えました。わたしは、幾世紀にもわたる人類のおびただしい数の苦しみを見ました。殺し合う人々、飢えと伝染病で死んでいく人々、故郷から追い出された人々、大都市の路上で寝る人々、必死で互いにしがみつく人々。鞭打たれ、拷問にかけられ、焼き殺され、手足を切断された人々。鍵のかけられたアパートにいる孤独な人々。地下牢や強制労働収容所に入れられている人々。やさしい言葉、温かい手紙、慰めの抱擁を切望している人々……。「わが神、わが神、なぜわたしたちをお見捨てになったのですか」と、苦痛で泣き叫んでいるすべての人々を見たのです。

裸で引き裂かれたキリストの体が、地球上に投げ出されているのを想像すると、わたしは恐怖でいっぱいになりました。しかし、目を開けると、ジャックが苦しみの表情を浮かべ、イエスの体に激しく接吻し、目に涙を浮かべているのを見ました。イワンがマイケルに背負われてやってくるのを見ました。エディスが車椅子でやって来るのを見ました。その人たち――歩いている人、足を引きずっている人、目の見える人、見えない人、耳の聞こえる人、聞こえない人たち――が来たとき、わたしは、果てしなく続く行列がイエスの聖なる体の周りに集って、涙と接吻で覆い、主の崇高な愛によって慰めを受け元気づけられて、そこをゆっくりと歩み去って行くのを見ました。孤独で苦しみにあえぐ一人ひとりが群れをなして、自分自身の目で見、自分自身の唇で触れたイエスの愛に結ばれて、十字架から一緒に歩み去って行くのが心に浮かびました。恐怖の十字架は、希望の十字架になりました。拷問にかけられた体は、新しい命を与える体になりました。大きく裂けた傷口は、赦しと癒しと和解の源となったのです。

祈り

主よ、わたしはなたに何を言うことができるでしょうか。

わたしの口から出せる言葉、思い、文などというものはあるでしょうか。

あなたはわたしのために死に、
わたしの罪のためにすべてを与えてくださいました。
あなたはわたしのために人となられたばかりではなく、
もっともむごい死の苦しみをも受けてくださいました。
答えがあるのでしょうか。
適切な答えが見つけられたらと思います。
あなたの受難と十字架の死を考えれば、
計り知れない神の愛に対してはいかなる答えも全く無にひとしいと、
謙遜に告白せざるをえません。
ただ、御前に立たせて、あなたを見つめさせてください。
あなたの体は打ち砕かれ、頭は傷つけられ、
両手両足は釘を打たれて傷口が開いています。
あなたの脇腹は槍で突き刺されています。
あなたのなきがらは、母マリアの腕に抱かれて安らかに眠っています。
今はすべて終わりました。完結しました。
預言は実現しました。成し遂げられました。

愛する主、恵み深い主よ。
慈愛の主、赦しの主よ。
あなたをあがめ、賛美し、感謝します。
あなたは、ご自分の受難と死を通して、
すべてを新しくしてくださいました。
あなたの十字架は新しい希望のしるしとして、
世に立てられています。

主よ、いつもあなたの十字架のもとで生かしてください。
あなたの十字架による希望を、絶えず宣べ伝えさせてください。
アーメン

聖土曜日 ◇◇ ―― Holy Saturday

それともあなたがたは知らないのですか。
キリスト・イエスに結ばれるために洗礼を受けたわたしたちが皆、
またその死にあずかるために洗礼を受けたことを。
わたしたちは洗礼によってキリストと共に葬られ、
その死にあずかるものとなりました。
それは、キリストが御父の栄光によって死者の中から復活させられたように、
わたしたちも新しい命に生きるためなのです。
わたしたちは、キリストと共に死んだのなら、
キリストと共に生きることにもなると信じます。

――ローマ六・三、四、八

命の本質をわたしたちに示し、ただ、命にあずからせたいとだけ望んでいる神が、もし、死という全くの不条理を共に味わうほどわたしたちを愛されたのなら、そうです。そこにこそ希望があるに違いありません。何か死を超えるものがあるはずです。短い人生では、かなえられない約束があるに違いありません。愛する人、花や木、山や海、美術や音楽の美しさ、そのほかありとあらゆる人生の豊かな贈り物をこの世に残していくことは、単なるすべてのものの破滅でも残酷な終わりでもありません。そのときこそ、わたしたちは三日目を待たなければならないのです。

しかし、命とは死にゆくこと――文字通りに言えば「死に定められている」のです。わたしたちは、すべての造られたものが死ぬべき運命にあるということに少しずつ気づき、あたかもいつまでも生き続けることができるかのように命にしがみつかなくても、命の美しさを感謝することができるのです。実際は、わたしたちの人生は少しずつ死に親しんでいくことであり、死ぬ術を教える学校であるように見えます。このような見方を、わたしは病的だと言っているのではありません。それどころか、命をいつも死と関連づけて考えるとき、それを自由な贈り物として、あるがままに楽しむことができるのです。写真や手紙や過去のノートは、美しい場所や善良な人々やすばらしい経験に、絶えず別れを告げるものとして、生きるということを示してくれます。リビングルームの床に座って、子どもたちと遊んだときの写真を見てください。子どもたちになんと早くさよならを言わなければならなかったことでしょう。三〇年代半ばにブルターニュでお母さんと一緒に自転車旅行をしたときのスナップ写真を見てください。あのような旅行ができた夏は、何回もなかったことに気がつくでしょう。あなたがアマルフィにいて、病気が回復しつつあったときにお母さんからもらった手紙や、わたしが初めてのイギリス旅行のときに出した手紙を読んでみてください。今では、そういったものは、つかの間であったことを物語っています。あなたの子どもたちの結婚式の写真やわたしの叙階式のときに差し上げた聖書を見てください。これらのときはすべて親しい訪問者のように過ぎ去って行きました。懐かしい思い出ばかりでなく、人生の短さを悲しく受けとめることをも、残しながらですが。どのような出会いにも別れがあります。再会もいつかは別れがきます。人は成長していくにしたがってだんだん老いていきます。どんな微笑にも涙があり、成功にも必ず失敗はあります。生きとし生けるものはみな死んでいきます。すべての祝いはまた、一部が死んでいくものでもあります。

祈り
来る日も来る日も、主よ、あなたを呼び
あなたに向かって手を広げています。
あなたが死者に対して驚くべき御業をなさったり
死霊が置き上がって
あなたに感謝したりすることがあるでしょうか。
墓の中であなたの慈しみが
滅びの国であなたのまことが語られたりするでしょうか。
闇の中で驚くべき御業が
忘却の地で恵みの御業が告げ知らされたりするでしょうか。
主よ、わたしはあなたに叫びます。
朝ごとに祈りは御前に向かいます。

――詩編八八・一〇―一四

復活日 ❖ —— Easter Sunday

最も大切なこととしてわたしがあなたがたに伝えたのは、わたしも受けたものです。すなわち、キリストが、聖書に書いてあるとおりわたしたちの罪のために死んだこと、葬られたこと、また、聖書に書いてあるとおり三日目に復活したこと、ケファに現れ、その後十二人に現れたことです。

次いで、五百人以上もの兄弟たちに同時に現れました。

このように宣べ伝えているのですし、あなたがたはこのように信じたのでした。

——Iコリント一五・三―六、一一

復活徹夜祭です。主はまことに甦られました。人々はそう叫びました。フランス語で、ドイツ語で、英語で、スペイン語で、ポルトガル語で、イタリア語で、オランダ語で、日本語で、そしてアラビア語で。鐘が鳴り、ハレルヤの声があがり、微笑が交わされ、笑い声が聞こえました。そしてここに希望があるという深い思いに満たされました。この共同体にいる障がいを持った人々と支援者たちは、「キリストの体は墓の中にはありません。キリストは甦られました。わたしたちも栄光の内にキリストと一体となるでしょう」と声高くほめたたえていました。

この喜びが教会を満たしているとき、ナタンがフィリップを抱いて立ち上がり、出て行くのが見えました。フィリップの体はひどくゆがんでいます。話すことも、歩くことも、服を着ることも、ひとりで食べることもできず、起きている間中助けが必要なのです。彼は介護の人の膝に横たわって、静かに眠っていました。ところが、祝いがたけなわになってくると、うめき始めたのです。体の奥底から絞り出すような叫びでした……。

フィリップがネイサンに抱かれているのを見たとき、復活徹夜祭で人々が何をほめたたえているのか、わたしは突然気づいたのです。フィリップの体は甦って、新しく生きるように定められているのだと。新しい体にも苦しみのしるしは残るでしょう。ちょうとイエスが十字架で受けた傷を負ったまま栄光に入られたと同じように。しかも、彼はもはや苦しむことなく、神の子羊の祭壇の周りにいる聖人のひとりに加えられるでしょう。

キリストの復活を喜び祝うことは、障がいを持った人の体に日々与えらえる介助をも祝すことになります。その人たちの体を洗ったり、食事を与えたり、車椅子を押したり、抱きかかえたり、キスしたり、やさしく撫でたり——これは、障がいを負った体が新しい命を与えられるときへの備えとなるのです。傷だけでなく介助もまた、復活のときには神の目に見える形で残るでしょう。

これは偉大で力強い奥義です。フィリップはゆがんだかわいそうな肉体で葬られ、塵に帰るでしょう。しかし、死者が甦る日に、再び生き返るでしょう。新しい体で墓から甦り、生前受けた痛みと愛とを、賛美と感謝をもって示してくれるでしょう。それは単なる肉体ではなく、主の体、新しくされた体です。手で触れることはできますが、もはや苦しむこともなく、破滅することもない体です。受難は終わるでしょう。

何とすばらしい信仰！　何と明るい希望！　何と温かい愛！　肉体は、もはや、逃れようとする牢獄ではなく、神の住んでおられる神殿であり、復活の日に、神の栄光が豊かに現れるところとなるでしょう。

イースターの季節は希望のときです。まだ恐れもあれば、罪深さに痛みを覚えることもあります。けれども、そこを突き抜ける光もあるのです。イースターには、何か新しいこと、日々の生活の変わりやすい気分を超えた何かが起こります。喜んだり、悲しんだり、楽観的になったり、悲観的になったり、平静になったり、怒ったりします。しかし、神がおられるという確固とした流れは、理性と感情の小さなうねりよりも深いところを流れています。神の存在に直接気づかない時でも、神はおられるのだと、イースターには気づかされます。たとえ世の中が悪くなっていると思われるときでも、イースターは、悪魔はすでに打ち負かされた、という福音を伝えてくれます。たとえ神が遠く離れておられるように思われたり、わたしたちがたくさんのつまらないことに気をとられていたとしても、主はわたしたちと共に歩き、聖書を説き続けてくださることを、イースターには断言することができます。こうして、たくさんの希望の光が、生涯わたしたちの行く手を照らしているのです。

祈り
永遠にいまして、全能なる神よ、
今日のこの日、
あなたは御子を通して死に勝たれ、
わたしたちに永遠の命に到る道を開いてくださいました。
それゆえ、わたしたちは、喜びの内に主の復活を祝います。
聖霊によってわたしたちを新しくしてください。

わたしたちもまた立ち上がって、
命の光の中を歩むことができますように。
イエス・キリストの御名によってお願いします。

訳者あとがき（聖公会出版版《ばん》）

二〇〇〇年の夏だったと思います。この翻訳の協力を呼びかけると、幸いにも七名の協力者が与えられました。ナウエン翻訳会が、月二度、水曜日の夕方行われました。結果的に、約二年間かかったことになります。なるべく原文に忠実に、また、こなれた日本語を目指しましたが、どれほど成功しているかは、読者の皆さんの判断をあおがなければなりません。八人が分担し訳したものですが、最終的チェックは私が行いました。間違いや、不明な点があれば、ご教示をいただければ幸いです。なお、聖書は全て『聖書　新共同訳』を用いました。人名は『キリスト教人名辞典』を参照しました。

ナウエンの本は、人間の心の内面を扱うので、適切な日本語にするのに非常に苦労をしました。特に「LIFE」や「MYSTERY」などは、日本語を統一したつもりですが、文脈によって、その都度相応しい日本語を選びました。ご了承いただければと思います。

内輪話になりますが、責任者という立場から私がまず序文の翻訳を試み、皆さんに訂正してもらいました。思いもかけず、今まで培ってきた自信やプライドも見事に砕かれる羽目になりました。訂正が次から次へと入り、自分の翻訳が全く影も形もないありさまです。これには、こたえました。翻訳の厳しさを教えられました。簡単に考えていた自分を、恥ずかしく思いました。適切な日本語を見出せず、難航した時も多々ありました。見事に訳す方々が羨ましかったのを、昨日のように思い出します。しかし、訳者全員が「あとがき」に書いているように、ナウエンの深い信仰に触れることができたことは、大きな喜びです。翻訳の労苦を共に担ってくださった、上總秀一さん、加藤セイさん、須部浩右さん、須部道子さん、野田光子さん、増田節子さん、山口晃生さんに、心から感謝いたします。また、長い間ご苦労様でした。一人でも多くの方々にこの本を読んでいただき、イエス・キリストの十字架と復活に示されている神の深い愛を知っていただければと願っています。

二年以上も忍耐し、励ましていただいた聖公会出版の唐沢秩子さんに感謝します。また、私の母校、日本聖書神学校の特任教授今橋朗先生には、ナウエンの著書『アダム』を訳した宮本憲先生をご紹介いただきました。鶴見カトリック教会の主任司祭藤原富悟神父には、適切なカトリック用語を教えていただきました。横浜ユニオン教会の牧師リンダ・シュミット牧師と私の友人ダグラス・クラーク氏には、英語の不明な所を教えていただきました。謝意を表したいと思います。祈りと愛をもって支えてくださった上星川教会の皆さんに、この翻訳

をささげます。（友川　栄）

生き方を模索している時期に与えられた格好の本でした。著者の思索の深さとその実績に改めて感銘を覚えています。今後も人生の指針として、くり返し繙いていくことになると思います。機会を与えてくださった上星川教会の方々に感謝します。

（上總秀一・東北学院大学卒業。横浜聖クリストファー教会員）

友川牧師を中心に、二年間祈りつつ、この翻訳の作業を続けてきました。まことに拙い訳ですが、ナウエンの真摯な深い信仰の一端は、なんとかお伝えできるのではと思っています。急がず、じっくり読んでいただければ、きっと心に響く個所に出会えると信じています。

（加藤セイ・津田塾大学英文学科卒業。上星川教会員）

この黙想録を読み返すたびに、日常生活に密着したヘンリ・ナウエンの信仰の純粋さと深さに感動させられ、ナウエンの世界に引きずり込まれました。教会の仲間と共に祈りつつ学んだ二年間、気がついてみると、創り主の存在とその慈愛が自分に迫ってきているのを感じ、信仰の姿勢が正され感謝しています。

（須部浩右・一橋大学卒業。伊藤忠商事に勤務。現在、横浜ワイズメンズクラブ会員。上星川教会員）

「わかりやすく」を心がけたつもりですが、著者の思いを充分に伝えることができたでしょうか。ヘンリ・ナウエンの力強い言葉に常に励まされ、さらに、自分自身の信仰を見つめ直すいい機会になりました。教会の仲間と共に学ぶことができて、心から感謝いたします。（須部道子・関西学院大学大学院修士課程修了。元津田スクール・オブ・ビジネス教員。上星川教会員）

翻訳の勉強になるという不純な動機から参加した私です。ところが、神の計り知れない深い愛、そのひとり子イエスの受難・復活の意味、自分を含めた人間の罪深さ、イエスに従って生きるということなどを、信仰の篤いナウエンが、分かりやすく真摯に解き明かしてくれる内容に触れるにつれ、それを的確な日本語にすることの大変さも、感動と喜びに変わりました。一人でも多くの方とこの感動を分かち合うことができますように。（野田光子・東京外語大学フランス語科卒業。中学・高校の英語教師を歴任。現在、英語翻訳の勉強中。上星川教会員）

ナウエンの翻訳の仲間にしていただき、幸せだった、と感謝しています。「赦しの神としての存在」をナウエンの祈りを通し、実感したのです。あの人、この人を許せずに、全身じんましんで真っ赤になる程、怒っていた自分が滑稽に見えます。「その光の中に自分の罪も見えますが、あなたの慈愛深いみ顔が見えるのです」。まさに赦しの神であられるのです。

（増田節子・戸板女子専門学校英文科卒業。現戸板女子短期大学名誉教授。上星川教会員）

翻訳作業には、「無心」「忍耐」「集中」「祈り」と読者への「奉仕の精神」がいる、と感じました。ナウエン氏を通じて僕は「神とイエス」を「よりくっきり、より身近に、より具体的に」感じるようになりました。そして、今、中年になり、親としての子育てや、夫妻としての家庭生活に、また、社会人として仕事で悩みにぶつかっているかも知れぬ教え子たちを想いました。一読を乞い願いたてまつる。（山口晃生・早稲田大学教育学部英語英文科卒業。関東学院六浦中高校教諭。横浜商工高校教諭。作家志望修業中。日本バプテスト横浜教会員）

（肩書きなどは旧版当時のものです）

訳者　新版あとがき

ヘンリ・ナウエンの『イエスに示す道』が最初に発行（初版：二〇〇二年一二月八日）されてから二〇二二年の一二月で丁度二〇年が経ちます。

私が上星川教会で牧師をしている時に私を含め八名で翻訳した受難節の黙想集です。多くの訳者の方々は天に召されましたが、以前から、再版をして欲しいという声を伺いながらも再版するのを躊躇してきました。それは、上星川教会が会堂建築の只中にある大切な時に、牧師である私が心も体もくず折れて突然辞表を出したからです。その後、湯河原教会、下関丸山教会、そして私の故郷の宮城県の県北にある田尻教会に招聘《しょうへい》されて今年の四月で丸一一年が経過します。今でも上星川教会を覚える度に慚愧《ざんき》に堪えません。その後、私の妻も心の病に倒れ入退院を繰り返してきましたが、昨年の一〇月上旬に近くにあるグループホームに入居することになりました。ようやく妻と共に礼拝に与れる喜びを感じています。また、私も二年程前から「肺高血圧症」という難病を患い治療を受けているところです。再発の高い難病です。この世の生活も残り少ないと感じ、意を決して『イエスに示す道』を再版することにいたしました。

なお、この再版は共に翻訳という労苦を共にしてくださった方々（とりわけ、既に天に召された方々たち）への敬意を表するために、手直しは出来る限り最小限に抑え以前の訳文を踏襲しました。しかし、新版に当たり原文を読み直してみると、明らかに誤訳や「てにをは」の不自然な箇所があることが判明しました。それらは、私が原文に忠実に手直しをしました。どうぞ、ご了承ください。「訳者あとがき」も二〇年前と同じ聖公会出版版《ばん》を敢えて記載いたしました。二〇年前に「口角泡を飛ばして」翻訳作業に当たった約二年間がなければ『イエスに示す道』が発行できなかったからです。

さらに、初版で省略した（翻訳では不可欠なもの）ナウエンの引用資料も新たに加えました。ナウエンが書かれた多くの著書を原書で読んで欲しいからです。ナウエンの英語は意外に易しいのですが、内容は実に深く信仰生活を刷新してくれる珠玉の書ばかりです。ナウエンの著書の多くは日本語で読めますので、是非、精読していただければ嬉しいです。また、毎年巡って来るイエス・キリストのみ苦しみを覚える受難節に『イエスに示す道』を通してイエス・キリストの御心を深く味わって頂ければ、これ以上の幸いはありません。

最後になりますが、二〇年ぶりに『イエスに示す道』の新版にあたり、九年間も不甲斐ない牧師を支えてくれた上星川の教会の教会員、約一一年間も祈りを持って支えてくださっている田尻教会の教会員、また四〇年以上も牧師の伴侶として忍耐し支え続けている妻・幸子にささげたいと思います。この『イエスに示す道』の新版にあたり、ヨベルの安田さんには、幾度も校正等で懇切丁寧に色々ご教示いただきました。心から御礼申し上げます。

友川　榮

二〇二三年二月二二日　レント（受難節）

PRAYER : Cry 132

Thursday in Passion Week /

Friday in Passion Week / First:Compassion 17; Second: Letters 57-58

Saturday in Passion Week / First:Genesse Diary 116-117; Second: Genesee Diary 108-109

Palm Sunday: First: Road 134-135; Second: Out of Solitude 52-53

Monday in Holy Week / First: Road 88-89; Second: Compassion 116-117; Third: Compassion 120-121

Tuesday in Holy Week / First: Road 155-156

Wednesday in Holy Week / First: Heart Speaks to Heart 28-29; Second: Road 56;Prayer: Cry 76-77

Holy Thursday / First: Road 159; Second: Heart Speaks to heart 26-28; Third: Letter31

Good Friday / First: Road 160-161; Prayer; Cry 78-79

Holy Saturday / First: Letter of Consolation 78; Second: Letter of Consolation 42-43

Easter Sunday / First: Road 162-163; Second: Cry 85

Thursday of the Second Week / First: Out of Solitude 17-19 ; Second: Out of Solitude 21-22

Friday of the Second Week / First: Creative Ministry 27-28; Second: Creative Ministry 88-89

Saturday of the Second Week / First; Road 72-73; Second : Road 157-158

Third Sunday in Lent / First; Cry 56; Second : Letters 57-58

Monday of the Third Week / First; Letters 65-66;Second; Letters 67-68; Prayers: Cry 96-97

Tuesday of the Third Week / First Compaasion 23-24; Second : Compassion 133-134; Prayer Cry 74-75

Wednesday of the Third Week / First: Living Reminder 47-50; Second Gracias 125

Thursday of the Third Week / First: Making 65-66; Second : Making 67-68

Friday of the Third Week / First: Genesee Diary 152; Prayer : Cry 98

Saturday of the Third Week / First: Making 57-59; Prayer: Cry 64-65

Fourth Sunday in Lent / First: Way of the Heart 22-23; Second: Way of the Heart 24-26: Third : Letters 68

Monday of the Fourth Week / First: Letter 52; Second: Compassion 18

Tuesday of the Fourth Week / First: Road 120; Second: Genesee Diary 57-58; Prayer: Cry 24-25

Wednesday of the Fourth Week / First: Making 47-50; Second: Road 146-147

Thursday of the Fourth Week / First: Road 97; Second : Road98; Prayer : Cry 34-35

Friday of the Fourth Week / First: Compassion 40-41; Second: Genesee Diary 157

Saturday of the Fourth Week / First: Road 147-148; Prayer: Cry 66-67

Passion Sunday: First Letters 25-26; Second: translated from Gebete aus der Stille 61-62; Prayer: Cry 74-75

Monday in the Passion Week / First: Compassion 18,13,15; Second: Compassion 15-16

Tuesday in Passion Week / First: Way of the Heart 58-59, 60-61; Second: Out of Solitude 25-26; Third: Gracias 183; Fourth: Gracias 49

Wednesday in Passion Week / First: Making 52-56; Second: Second: Gracias 133;

参考資料

Cry	A Cry for Mercy
Letters	Letters to Marc
Making	Making All Thing New
Road	The Road to Daybreak

Ash Wednesday / FIRST SELECTION: Road 137; SECOND SELECTION: Cry 55

Thursday after Ash Wednesday / FIRST: translated from Nachts brihct der Tag an 86;

SECOND: Letters 52-53

Friday after Ash Wednesday / FIRST Letters 36, 40; SECOND Reaching out 128-30

Saturday after Ash Wednesday / FIRST: Making 50-51; SECOND Making 56-57

First Sunday in Lent / FIRST: Living Reminder 30-32; SECOND; Road 120-21; PRAYER: Road 121

Monday of the First Week / FIRST: Reaching out 66-67; SECOND: Reaching Out 102-3; PRAYER: Cry 66-67

Tuesday of the First Week / FIRST: Way of the Heart 72, 75; SECOND; Letters 76-77 THIRD: With open Hands 56; PRAYER: Cry 26-27

Wednesday of the First week / FIRST: Gracias 47-48; SECOND: Gracias 50

Thursday of the first Week / FIRST: Making 45-47; SECOND: Making 50-51

Friday of the First Week / FIRST: Road 67-68; SECOND: Letters 54

Saturday of the First Week / FIRST: Compassion 110-11; SECOND: Letters 47-48; PRAYER:Cry 103

Second Sunday in Lent / FIRST: Compassion 113; SECOND: Letters 36-37; THIRD:Letters 47

Monday of the Second Week / First: Compassion 20-21; Second: Compassion 4; Prayer: Cry 62-63

Tuesday of the Second Week/ First: Compassion 28-29; Second: Letters 41-43

Wednesday of the Second Week/ First: Compassion 27-28; Second: Compassion 31; Third Compassion 32

友川　榮（ともかわ・さかえ）
1949年誕生。東北学院大学工学部応用物理学科卒業。守谷商会に就職、約3年間務める。1975年に献身、日本聖書神学校に入学（昼はトルコ大使館に勤務）。1979年3月末で卒業。喜多方教会、猪苗代教会、1989年10月上旬から在外教師としてアメリカの合同教会のハリウッド独立教会日語牧師として5年半奉仕、1995年3月末に帰国。その後、福島荒井教会、上星川教会、湯河原教会、下関丸山教会、2012年4月から日本基督教団 田尻教会牧師として就任し現在に至る。
訳書：ナウエン『イエスの示す道　受難節の黙想』（編訳、聖公会出版、2002)、ピーターソン『聖書に生きる366日　一日一章』（監訳、ヨベル、2023）

イエスの示す道 —— 受難節の黙想

2023年3月10日 初版発行

著　者 —— ヘンリ J.M. ナウエン
編訳者 —— 友川　榮
発行者 —— 安田正人
発行所 —— 株式会社ヨベル　YOBEL, Inc.
〒113-0033 東京都文京区本郷 4-1-1-5F
TEL03-3818-4851　FAX03-3818-4858
e-mail：info@yobel. co. jp

印　刷 —— 中央精版印刷株式会社
装　幀 —— ロゴスデザイン：長尾 優
配給元—日本キリスト教書販売株式会社（日キ販）
〒162 - 0814　東京都新宿区新小川町 9 -1
振替 00130-3-60976　Tel 03-3260-5670
　ISBN978-4-909871-87-9 C0016

ヨベルの既刊書（税込）

ピーターソン
友川　榮監訳

聖書に生きる366日一日一章

川上直哉／斎藤顕／サム・マーチー［訳］

「この時代を生き抜く」テキストとして読まれた聖書を、366日をかけて味わい、たどり直し、いのちの灯をともす。「聖人と罪人が入り交じる」牧会の現場で身をもって記された「珠玉のことば」。2018年にその生涯を終えたユージン・H・ピーターソンの記念碑的軌跡。

最新刊　A5判変型上製・四四〇頁・二七五〇円（本体二五〇〇円＋税）

神田外語大学大学院教授
岩本遠億

366日元気が出る聖書のことば　あなたはひとりではない

わたしは、あなたに約束したことを成し遂げるまで、決してあなたを捨てない。（聖書）

聖書を通して神（創造主）が語りかける励ましと慰め、そして戒め。季節の移り変わりや日常の出来事に寄せ、また自己の中にある分裂をも見据えながら、やさしい日本語で書き綴るたましいのことば。聖書メールマガジンの中で18年間にわたり国内、で屈指の読者数を獲得してきた著者が数千のメッセージを改訂し366日分を厳選。言語学者ならではの書き下ろしのコラムも配置しました。

五版出来！　A5判変型上製・三四四頁・一九八〇円（本体一八〇〇円＋税）